Carl-Auer

Kenneth J. Gergen und Mary Gergen

Einführung in den Sozialen Konstruktionismus

Aus dem Englischen von Karin Roth

2009

Umschlaggestaltung: Goebel/Riemer
Satz: Verlagsservice Josef Hegele, Dossenheim
Printed in Germany
Druck und Bindung: Freiburger Graphische Betriebe, www.fgb.de

Erste Auflage, 2009
ISBN: 978-3-89670-681-2

English language edition published by Taos Institute Publications, Chagrin Falls, Ohio

Bibliografische Information Der Deutschen Nationalbibliothek
Die Deutsche Nationalbibliothek verzeichnet diese Publikation in der Deutschen Nationalbibliografie; detaillierte bibliografische Daten sind im Internet über http://dnb.ddb.de abrufbar.

Carl-Auer Verlag
Häusserstr. 14
69115 Heidelberg
Tel. 0 62 21-64 38 0
Fax 0 62 21-64 38 22
info@carl-auer.de

Inhalt

1 Das Szenarium sozialer Konstruktion

Unser Gedankengut ist einschneidenden Umwälzungsprozessen unterworfen: Traditionen geraten ins Schleudern, die Skepsis bezüglich allgemeingültiger und altbewährter Wahrheits-, Objektivitäts- und Rationalitätsstandards wächst. Universelle Fortschrittsmodelle und Moralvorstellungen werden bezweifelt. Das, woran wir glauben, wird hinterfragt, und Ungewissheiten und Unsicherheiten wird Tür und Tor geöffnet. Aus diesem turbulenten Zustand heraus entstehen jedoch neue Dialoge. Neue Stimmen werden laut, Stimmen der Hoffnung, und neue Aussichten für unsere Lebensgestaltung erwachsen. Es sind Gespräche, die sich mittlerweile über Kontinente und Kulturen hinweg bewegen. Sie werden von einer Fülle neuer Vorgehensweisen in Organisationen, Erziehung, Therapie, Sozialforschung, Sozialarbeit, Beratung, Konfliktauflösung, Gemeinwesenentwicklung und mehr begleitet.

Für diese Umwälzungen im Denken und Handeln gibt es viele Namen. Oft finden sich darunter Begriffe wie Post-Fundamentalismus, Post-Empirismus, Post-Aufklärung und Postmodernismus. Der Gedanke der sozialen Konstruktion ist in all diese Diskussionen eingewebt. Damit ist das Stiften von Bedeutung durch gemeinsames Handeln gemeint. Sozialkonstruktionistisches Denken ist weder singulär und einheitlich noch wurde es von einem einzelnen Individuum oder einer einzelnen Gruppe erfunden. Unzählige Menschen beteiligen sich über Gemeinschaften hinweg an diesen Ideen. Dabei werden Spannungen und Unsicherheiten nicht gefürchtet: Die Etablierung *einer* finalen Wahrheit, *einer* fundamentalen Logik, *eines* Wertekodex oder *einer* Liste von

Handlungsweisen widerspricht dem sozialkonstruktionistischen Blick.

Wir, die Autorin und der Autor, haben die meiste Zeit unserer wissenschaftlichen Karriere damit verbracht, uns mit konstruktionistischen Dialogen zu beschäftigen. Wir möchten mit diesem Buch eine Darstellung vorlegen, die Studierende, Kolleginnen und Kollegen und Fachleute aus der Praxis, aber auch all diejenigen, die einfach nur neugierig sind, dazu befähigt, ein Grundverständnis und ein Gespür für das Szenarium und die Kraft konstruktionistischer Ideen herauszubilden. In den ersten beiden Kapiteln stellen wir einige der wichtigsten theoretischen Entwicklungen vor. Danach befassen wir uns mit den Implikationen dieser Ideen für unsere Lebens- und Arbeitsweisen. Wir widmen uns den praktischen Auswirkungen konstruktionistischer Ideen in Organisationen, Psychotherapie, Erziehung, Konfliktlösung, Sozialforschung und im Alltag. Schließlich greifen wir die bekannte Kritik am Konstruktionismus auf[1].

Die Grundidee: Wir konstruieren die Welt

Der Soziale Konstruktionismus basiert auf einem ganz einfachen Grundgedanken, dessen Schlichtheit sich jedoch schnell auflöst, wenn es um die Implikationen und Konsequenzen geht. Bei diesem grundlegenden Gedanken handelt es sich um

1 Der Begriff „Konstruktivismus" wird oft synonym mit „Konstruktionismus" verwendet. Im Konstruktivismus gilt der individuelle Geist als Ursprung der Wirklichkeitserzeugung. Obwohl bestimmte Gemeinsamkeiten zwischen dieser Bewegung und dem Sozialen Konstruktionismus bestehen, werden wir in diesem Buch exklusiv letzteren Begriff verwenden, um zu betonen, dass der Fokus unserer Aufmerksamkeit eben nicht auf Individuen liegt, sondern auf den Beziehungen als Orte der Wirklichkeitskonstruktion.

die Aufforderung, all unsere bisherigen Annahmen über die Welt und uns selbst neu zu überdenken. Dieser Prozess beinhaltet zugleich eine Einladung zu neuen und anregenden Handlungsformen.

Um das gesamte Möglichkeitsspektrum dieser Grundidee zu erfassen, möchten wir Sie bitten, einmal die Welt unseres Alltagswissens in den Blick zu nehmen. Was ist für uns einleuchtender als die Tatsache, die Welt existiere einfach dort draußen, beobachtbar und verstehbar? Da sind Bäume, Gebäude, Autos, Frauen, Männer, Hunde und Katzen usw. Wenn wir nur vorsichtig genug beobachten, können wir lernen, das Waldsterben zu stoppen, robuste Gebäude zu bauen und die Gesundheit unserer Kinder zu verbessern. Lassen Sie uns nun diese Annahmen, denen ja meistens vertraut wird, auf den Kopf stellen.

Was wäre, wenn wir sagen würden, dort draußen seien keine Bäume, Gebäude, Frauen, Männer etc., bevor wir uns darüber geeinigt haben, dass sie existieren? „Absurd!“, mögen Sie sagen, „Sehen Sie doch um sich! All diese Dinge waren hier, lange bevor wir hier vorbeischauten!“. Das klingt vernünftig, doch lassen Sie uns die kleine, einjährige Julie zu einem Spaziergang mitnehmen. Ihr Blick scheint Bäume, Gebäude und Autos ohne jede Notiz zu streifen. Sie scheint Männer nicht von Frauen zu unterscheiden. William James sagte einmal, die Welt eines Kindes sei ein „brummender, summender Tumult“. Ob Sie ihm zustimmen oder nicht, Julies Welt scheint anders zu sein als die Welt, in der wir Erwachsenen leben. Anders als Julie nehmen wir wahr, dass sich die Herbstblätter von Grün zu Gold färben, dass das Haus zu unserer Rechten im viktorianischen Stil gebaut wurde, dass das Auto auf der Straße ein BMW ist und dass die Frau, die an der Türschwelle steht, offensichtlich ein Transvestit ist. Was unsere Augen erreicht, mag sich nicht von dem unterscheiden, was Julies Augen erreicht.

Aber die Welt bedeutet uns etwas anderes. Wir konstruieren die Welt in einer anderen Weise. Diese Differenz hat ihre Wurzeln in unseren sozialen Beziehungen. Aus diesen Beziehungen heraus ist uns die Welt zu dem geworden, was sie uns ist.

Die Grundidee des Sozialen Konstruktionismus erscheint ziemlich einfach, doch sie greift tief. Alles, was wir für real erachten, ist sozial konstruiert. Oder, spannungsgeladener formuliert: Nichts *ist real, solange Menschen nicht darin übereinstimmen, dass es real ist.*

Ihre skeptische Stimme mag antworten: „Sie meinen, der Tod sei nicht real?“ oder „der Körper“ oder „die Sonne“ oder „dieser Stuhl?“, und die Liste ließe sich endlos weiterführen. Wir müssen uns an dieser Stelle klar und deutlich ausdrücken: Soziale Konstruktionistinnen und Konstruktionisten sagen nicht „Es gibt nichts“ und sie sagen auch nicht „Realität existiert nicht“. Der wichtige Punkt ist folgender: Immer, wenn Menschen definieren, was „Wirklichkeit“ ist, sprechen sie aus einer kulturellen Tradition heraus. Auch wenn Ihnen etwas zugestoßen ist oder sich ein Ereignis zugetragen hat – dieses *Etwas* kann nur von einem bestimmten kulturellen Standpunkt heraus beschrieben werden – in einer bestimmten Sprache oder durch bestimmte visuelle oder mündliche Medien.

Ein Beispiel zur Veranschaulichung: Wenn wir sagen „Sein Vater ist gestorben“, dann sprechen wir üblicherweise von einem biologischen Standpunkt aus. Wir konstruieren das Ereignis als Beendigung bestimmter körperlicher Funktionen (Doch sogar medizinische Fachleute werden bezüglich der Definition des Todes nicht übereinstimmen; die Transplantationschirurgin mag eine andere Meinung haben als der Allgemeinmediziner.). Je nach kultureller Prägung können wir auch formulieren: „Er ist jetzt im Himmel, er ist in den Himmel gegangen“, „Er wird für immer in ihrem Herzen leben“, „Dies ist

Unterschiedliche Blickwinkel erzeugen unterschiedliche Dus

Stellen Sie sich vor, Sie würden vor einer großen Gruppe von Menschen stehen, die aus allen möglichen Regionen der Welt zusammengekommen sind und unterschiedlichste Lebensentwürfe bevorzugen. Jede Person sieht Sie an und sagt dann, was sie vor sich sieht. Das Ganze könnte sich folgendermaßen abspielen:

Für	*sind Sie:*
die Biologin	„ein Säugetier"
den Friseur	„die Frisur des letzten Jahres"
die Lehrerin	„vielversprechend"
den Homosexuellen	„heterosexuell"
den fundamentalistischen Christen	„ein Sünder"
den Elternteil	„überraschenderweise erfolgreich"
die Künstlerin	„ein exzellentes Model"
die Psychologin	„leicht neurotisch"
die Physikerin	„eine Komposition von Atomen"
den Banker	„ein zukünftiger Kunde"
die Ärztin	„ein Hypochonder"
den Hindu	„ein unvollkommener Zustand des Atman"
den Liebhaber	„eine wundervolle Person"

Was wären Sie, wenn keiner da wäre, um Sie zu identifizieren? Wären Sie dann überhaupt irgendetwas?

der Beginn eines neuen Zyklus seiner Reinkarnation“, „Seine Bürde wurde ihm genommen“, „Er lebt in dem Vermächtnis seiner guten Werke weiter“, „In seinen drei Kindern setzt sich sein Leben fort“ oder „Die atomische Komposition dieses Subjekts hat sich gewandelt“.

Doch was bedeutet all dies losgelöst von den existierenden Verstehenskonventionen? Für die kleine Julie mag das Ereignis tatsächlich nicht bemerkenswert sein. Statt „Es ist nichts“ würden Konstruktionistinnen und Konstruktionisten feststellen: „Es ist nichts für uns“. Mit anderen Worten: Aus unseren Beziehungen heraus füllen wir die Welt mit dem, was wir für „Bäume“, „Sonne“, „Körper“, „Stühle“ etc. halten.

Weiter gefasst können wir sagen: Durch gemeinsames Kommunizieren erzeugen wir die Welt, in der wir leben. Wenn wir innerhalb unserer gewohnten Traditionen bleiben, geht das Leben wahrscheinlich so weiter wie bisher. Solange wir die vertrauten Unterscheidungen machen, zum Beispiel zwischen Männern und Frauen, Reichen und Armen oder Gebildeten und nicht Gebildeten, bleibt das Leben für uns relativ vorhersehbar. Doch alles, was wir als selbstverständlich ansehen, kann auch angezweifelt werden. „Probleme“ existieren nicht für jeden sichtbar in der Welt. Vielmehr konstruieren wir Welten „des Guten“ und halten diejenigen Ereignisse für „ein Problem“, die dem Erreichen dessen, was wir schätzen, im Wege stehen. Könnte all das, was wir als „Problem“ konstruieren, nicht auch als „Möglichkeit“ rekonstruiert werden? Wir könnten – während wir miteinander sprechen – neue Welten hervorbringen: Wir könnten eine Welt konstruieren, in der drei Geschlechter existieren und eine Welt, in der „psychisch kranke“ Menschen „Helden“ sind oder eine Welt, in der „die Macht“ innerhalb von Organisationen nicht in den Händen individueller Führungskräfte liegt, sondern in den Beziehungen.

Genau das ist der Punkt, an dem wir beginnen können, das enorme Potenzial konstruktionistischer Ideen wertzuschätzen. Aus konstruktionistischer Sicht wird unser Handeln nicht durch das gesteuert, vorgeschrieben oder erzwungen, was traditionellerweise als wahr, rational oder richtig akzeptiert wird. Im Gegenteil, vor uns befindet sich ein riesiges Möglichkeitsspektrum, eine endlose Einladung, Neues auszuprobieren. Damit ist nicht gemeint, dass wir alles aufgeben sollen, was wir für real und gut halten. Nicht im Geringsten. Gemeint ist, dass uns weder durch Geschichte noch durch Traditionen Fesseln angelegt sind. Während wir miteinander sprechen, und indem wir neuen Stimmen Gehör schenken, Fragen aufwerfen und alternative Metaphern in Erwägung ziehen, überschreiten wir die Schwelle hin zu neuen Bedeutungswelten. Die Zukunft ist unser – gemeinsam – zu kreieren.

Positives Altern: eine Fallstudie

Typischerweise sehen wir das Alter als Periode des Verfalls an. Die Kindheit wird normalerweise als Entwicklungsphase verstanden, im Erwachsenenalter erreichen wir Reife und im Alter geht es mit uns bergab. Wir möchten Sie einladen, diese alltägliche Konstruktion einmal zu überdenken. Wir leben unsere Jahre des Erwachsenseins mit einer Furcht vor dem Altern. Wir suchen unbarmherzig nach Wegen, „jung zu bleiben" oder zumindest „jung auszusehen". Alt ist schlecht. „Altern als Verfall" erweist sich für viele Menschen als eine sich selbst erfüllende Prophezeiung: „Weil ich alt werde, muss ich meine Aktivitäten, meine körperlichen Betätigungen und meine Interessen verringern". Die Folgen sind körperlicher Verfall und Abnahme des Lebensenthusiasmus.

Doch wenn Altern eine soziale Konstruktion ist, warum sollten wir dieses negative Bild aufrechterhalten? Gibt es keine Wege, Altern als einen positiven Prozess zu sehen, als eine Periode des Wachsens, der Bereicherung und der Entwicklung? Diese Option nahmen wir zum Anlass, einen elektronischen Rundbrief ins Leben zu rufen, der sich *Positive Aging Newsletter* nennt. Es handelt sich um eine Zusammenstellung diverser Materialien aus der wissenschaftlichen Forschung und anderen Bereichen, die allesamt nachdrücklich die positiven Potenziale des Alterns betonen. Weltweit reagieren unsere Leserinnen und Leser mit Freude darauf. Ein Leser sagte uns: „Der Rundbrief erhält meine Hoffnung am Leben, dass ich auch weiterhin ein erfülltes Leben haben werde, und zwar für eine lange Zeit".

Erhellend sind für uns auch die Seminare zum Thema *positives Altern*, die wir leiten. Wir fordern die Teilnehmerinnen und Teilnehmer in diesen Seminaren auf, positive Rekonstruktionen gefürchteter Ereignisse wie z. B. „körperlicher Verfall", „chronische Krankheit", „Verlust physischer Attraktivität" und „Verlust derjenigen, die wir lieben" vorzunehmen. Normalerweise sind diese Gruppen wunderbar kreativ. Sie zeigen uns zum Beispiel, dass chronische Krankheit eine Möglichkeit sein kann, Dankbarkeit dafür zu zeigen, dass man eine geliebte Person hat, jemanden, der einem sehr wichtig ist. Durch chronische Krankheit kann man auch lernen, Geduld und Toleranz zu üben oder Ansprüche zurückzuschrauben. Und chronische Krankheit kann auch heißen, mehr Zeit für verschiedenste Unternehmungen zu haben und für die Erfindung neuer Aktivitäten (wie zum Beispiel die Erstellung einer Familien-Website, die Gründung einer Selbsthilfegruppe, die Aneignung neuer Fertigkeiten, dichterische Betätigung etc.). Unsere Seminarteilnehmer und -teilnehmerinnen haben uns gelehrt, dass es möglich ist, miteinander neue Wirklichkeiten zu erzeugen.

Von Sprachspielen zu Möglichkeitswelten

Die Grundidee des Sozialen Konstruktionismus ist einfach und provokant zugleich. Bei der Untersuchung der Reichweite konstruktionistischer Ideen wird unser Blick für weitere Dimensionen frei. Zuerst werden wir die Sprache betrachten, doch unsere Interessen werden sich rapide erweitern und alle Formen kulturellen Lebens mit einbeziehen.

Sprache: Vom Bild zur Handlung

Sprache wurde lange Zeit wie eine Art Bild behandelt. Wenn Wissenschaftlerinnen und Wissenschaftler Aussagen über die Welt machen, erwarten wir von ihren Worten die genaue Porträtierung der Beobachtungen. In gleicher Weise suchen wir nach neuen Berichten, in denen Ereignisse exakt dargestellt werden. Selbst wenn Ihnen dieses Vorgehen als einleuchtend erscheinen mag, lassen Sie es uns überdenken. Nehmen Sie den einfachen Prozess der Namensgebung. Da sind zum Beispiel Frank, Sally, Ben und Shawn. Diese Menschen wurden nicht mit Namensschildern zur Welt gebracht. Ihre Eltern gaben ihnen ihre Namen. In diesem Sinne sind Namen willkürlich, außer vielleicht innerhalb von Familientraditionen. Frank hätte ja zum Beispiel auch Ben, Robert, Donald oder irgendwie anders genannt werden können. Doch warum wurden ihnen Vornamen gegeben? Der Hauptgrund ist die Brauchbarkeit. Die Eltern möchten zum Beispiel über Sallys Wohlergehen sprechen. Isst sie genug? Muss ihre Windel gewechselt werden? Ist ihr Bruder Frank eifersüchtig auf sie? Letztendlich brauchen die Eltern den Namen, um Praktiken des guten Elternseins anwenden zu können. Und später brauchen sie den Namen für andere Zwecke, wie zum Beispiel für die Einschulung und um ihre Kinder zu fragen, warum sie noch so spät unterwegs sind. Oder allgemeiner ausgedrückt: Die Worte, die wir verwenden, dienen dazu, Beziehungen gestalten zu können – so wie die Namen, die wir uns gegenseitig geben. Worte sind keine Abbildungen der Welt, sondern **zweckdienliche Handlungen** in der Welt.

Dies alles ist sehr leicht zu verstehen, wenn es um Worte wie „Stopp", „Gefahr" oder „Wirf mir den Ball" geht. So betrachtet, erachten Sie bestimmt auch die Verwendung von Namen als sozial sinnvoll. Handelt es sich jedoch um Nachrichten, um einen wissenschaftlichen Bericht oder darum, jemandem zu erzählen, wie man den Tag verbracht hat, ist die Idee, Worte seien keine Abbildungen, vielleicht weniger einleuchtend. Hier scheinen Worte wie Bilder zu funktionieren und auf Genauigkeit überprüfbar zu sein. Doch bedenken Sie bitte wieder: *Ob ein Ansatz „exakt" erscheint, ist von der kommunalen Tradition abhängig*. Erinnern Sie sich zum Beispiel an die vielen verschiedenen „Dus", die wir etwas weiter vorne erwähnten. Jede Tradition hat ihre eigenen Kriterien der Urteilsbildung. Ob wir folglich denken, ein Zeuge sage in einer Hauptverhandlung die Wahrheit, hängt davon ab, ob er die Sprache in der gleichen Weise verwendet wie wir. Ob Stadtplaner neue Nachbarschaften kreieren oder aber freie Plätze zerstören, hängt davon ab, was unter dem Begriff „Stadtplanung" verstanden wird. In diesem Sinne kann man sagen: „Die Wahrheit sprechen" heißt, eine bestimmte Tradition einer Gemeinschaft zu unterstützen.

Sprachspiele und die Grenzen unserer Welt

Die Metapher „Sprachspiel" wurde von dem berühmten Philosophen Ludwig Wittgenstein eingeführt. Diese Metapher ermöglichte es ihm zu zeigen, wie die Worte, die wir benutzen, in Regelsysteme oder gemeinsam geteilte Konventionen eingebettet sind. Wenn es um Grammatik geht, ist dieser Gedanke leicht nachzuvollziehen. Die üblichen Regeln werden uns nicht erlauben zu sagen „Sie gehen in Strand" oder „Ball schlägt er". Wie auch immer, in jeder Kultur gibt es viele verschiedene Sprachspiele, also lokale Übereinkünfte bezüglich dessen, wie etwas beschrieben und erklärt wird. Und: Ihre sprachliche Freiheit ist von lokalen Traditionen radikal begrenzt. Im Fall der unterschiedlichen „Dus" zum Beispiel gründet jede Gruppe auf einem unterschiedlichen Sprachspiel. Biologinnen bewegen sich in anderen Sprachspielen als Physikerinnen, Banker oder Priester. Sie alle spielen unterschiedliche Rollen, wenn sie Sie beschreiben. Jede dieser Rollen macht innerhalb des jeweiligen Spiels Sinn. Doch es kann gefährlich sein, in eine dieser Kulturen einzutreten und dort dann Sprachspiele anderer Kulturen zu verwenden. Sie können kaum einen Biologen über die Seele eines Froschs befragen oder eine Friseurin über die atomische Komposition einer Locke, ohne Zweifel an Ihrer geistigen Gesundheit hervorzurufen.

Doch wir beschäftigen uns hier nicht mit den Regeln der Sprache allein. Worte sind typischerweise in unsere Handlungen eingebettet, in die Art und Weise, wie wir uns bewegen oder kleiden. Worte stehen auch in Relation zu den Dingen, die wir mit uns führen, und zu dem, was wir mit diesen Dingen tun. Im Schachspiel zum Beispiel sprechen wir von „Bauern", „Türmen", „Schachmatt" etc. Doch Sie können nicht einfach die Straße entlanggehen und „Schachmatt!" schreien, ohne ein paar erhobene Augenbrauen zu provozieren. Dieser Satz macht nur Sinn, wenn Menschen bestimmte vorgeschriebene Aktivitäten ausführen und vorgeschriebene Objekte verwenden. Man kann sagen, dass die Worte, die wir benutzen, Menschen über unsere geplanten Handlungen informieren. Wenn wir auf ein Objekt zeigen und es „Stuhl" nennen, werden Sie wahrscheinlich keine Hemmungen haben, sich zu setzen. Wenn wir dieses Objekt „kostbare Antiquität" nennen, werden Sie vielleicht eher woanders Platz nehmen. Konstruktionistisches Denken lädt uns zu einem doppelten Zuhören ein: Zu einem Zuhören, um den Inhalt zu erfassen und zu einem Zuhören, das mögliche Konsequenzen mitbedenkt.

In Wittgensteins Begrifflichkeit sind unsere „Sprachspiele" in breitere Handlungsmuster eingebettet, die er *Lebensformen* nannte. Tatsächlich sind Biologinnen, Friseure und Banker mit unterschiedlichen Lebensformen beschäftigt. Worte helfen ihnen, ihre Lebensformen zusammenzuhalten. So geben die Lebensformen den Worten ihre jeweilige Bedeutung. Und die Lebensformen fangen gleichzeitig an, die Grenzen unserer Welt zu formen.

Das Reale und das Gute

Uns allen wird der Unterschied zwischen Fakten und Werten beigebracht. Wir lernen, dass Fakten der „harte Stoff" sind, Beweisstücke – objektiv und unbeeinflusst von Wünschen, Politik, Religion usw. Im Gegensatz dazu lernen wir, Werte seien weich, subjektiv und ohne solides Fundament. Sie repräsentieren lediglich private Erforschungen der Menschen. Jeder ist dazu berechtigt, eigene Werte aufzustellen, doch „Fakt bleibt Fakt". *Der Soziale Konstruktionismus stellt diese alte Unterscheidung in Frage.*

Um zu verdeutlichen, was wir damit meinen, betrachten Sie bitte drei unterschiedliche Titelzeilen aus Zeitungen, die die Ereignisse im Jahr 2003 beschreiben, als Saddam Husseins irakisches Regime kollabierte.

- U.S.-Truppen in Bagdad siegreich
- Amerikanisches Imperium beansprucht Sieg im Irak
- Irakische Truppen tauchen unter, während Amerikaner Bagdad besetzen.

Jede dieser Titelzeilen versucht zu beschreiben, „was im Irak passierte", doch sie unterscheiden sich signifikant in ihren Implikationen. Die erste stammt aus einer amerikanischen Zeitung und stellt die Amerikaner als Sieger dar. Sie ist selbstbeglückwünschend. Die zweite, die die Sichtweise einer brasilianischen Zeitung reflektiert, verwendet den Begriff „Imperium" als Verspottung und deutet an, der Sieg sei lediglich ein Begehren. Die Zukunft könnte auch das Gegenteil beweisen. Die letzte Titelzeile, die die Sichtweisen einiger arabischer Länder reflektiert, suggeriert, der „Sieg" sei lediglich eine zeitweilige „Besetzung". Irakische Streitkräfte tauchen innerhalb der Zivilbevölkerung unter, sind jedoch darauf vorbereitet, nach Abzug der Amerikaner zurückzukommen. Die Ereignisse, auf die sich diese Geschichten beziehen, mögen identisch sein. Die Art und Weise der Beschreibung „der Fakten" hängt jedoch davon ab, welcher Tradition sich die jeweiligen Autoren zugehörig fühlen. Jede Tradition trägt ihre eigenen Werte mit sich. Alle Schilderungen von Fakten unterstützen folglich eine bestimmte Wertetradition. In diesem Sinne gibt es keine wertfreien Beschreibungen.

Vielleicht wenden Sie jetzt ein: „Die Fakten der Naturwissenschaften sind mit Sicherheit wertfrei!" Doch bedenken Sie auch in diesem Fall: Warum akzeptieren wir unvoreingenommen den Fakt, medizinische Wissenschaft „heile" Krankheiten? Wir tun dies, weil Ärzte Veränderungen physiologischer Zustände bewirken können und weil wir genau darauf Wert legen. Dieser Wert ist in dem Wort „Heilung" repräsentiert. Und wir bezeichnen vielleicht diejenigen als voreingenommen, die dieselben Handlungen als „störenden Eingriff in die Wege der Natur“ beschreiben. In diesem Sinne kann man auch behaupten: Wenn wir die Welt auf die Sprache der Physik, Chemie oder Biologie reduzieren, dann hört die Sprache über „moralische Handlungen“ auf zu existieren. Wenn wir fortfahren, nur in wissenschaftlichen Begriffen zu sprechen, dann ist der Abwurf einer Atombombe auf Nagasaki oder die Durchführung biologischer Experimente mit Gefangenen in Konzentrationslagern nicht „Mord“ und es geht dann auch nicht um „moralisches Handeln“. Worte dieser Art sind für die Wissenschaft als solche irrelevant. In der gleichen Weise mögen Militärkräfte ein Land angreifen und tausende getöteter Zivilisten als „kollateralen Schaden“ bezeichnen. Die Naturwissenschaften haben ganz bestimmte Werte. Sie analysieren Daten in einer Art und Weise, die ihnen erlaubt, Vorhersagen zu treffen und Kontrolle zu erlangen. Ihre Diskurse sind an diese Ziele gebunden. Wenn eine Person ausschließlich innerhalb einer gegebenen Tradition bleibt, dann sind andere Wertetraditionen für sie einfach irrelevant oder werden unterdrückt.

Radikaler Pluralismus

Die meisten Menschen sind bereit, der Idee zuzustimmen, dass viele unserer Kategorien sozial konstruiert sind. Wir alle wissen, dass es vielfältige Meinungsverschiedenheiten bezüglich „Gerechtigkeit“, „moralischem Handeln“ oder „Liebe“ gibt. Doch viele Menschen widersetzen sich konstruktionistischen Ideen, wenn es um die physische Welt geht, die vorsprachliche Welt des direkt Beobachtbaren. Ist es wahr oder falsch, dass der Mond aus blauem Käse besteht? Es wäre geradezu dumm, mit einem einfachen „wahr“ zu antworten. Und ist es nicht genauso einleuchtend, dass die Welt rund ist und dass die Jahreszeiten in Neu England wechseln? Doch bedenken Sie auch hier: Wenn das, was wir für real halten, aus kommunalen Übereinkünften hervorgeht, dann müssen Wahrheitsansprüche innerhalb dieser Beziehungen lokalisiert werden. Mit anderen Worten: Wahrheit ist nur innerhalb von Gemeinschaften zu finden. Jenseits von Gemeinschaften ist Schweigen. In diesem Sinne nehmen Sozialkonstruktionistinnen und Sozialkonstruktionisten keine universellen Wahrheiten an oder Wahrheit ohne Einklammerung bzw. ohne Anführungszeichen, manchmal auch transzendentale Wahrheit genannt.

Sicherlich, es gibt „Wahrheit" in Klammern oder in Anführungszeichen, „Wahrheit", die aus den gemeinsam geteilten Lebensweisen innerhalb einer Gruppe herrührt. Manchmal kann diese Gruppe riesig sein, wie zum Beispiel die Gruppe, die üblicherweise davon ausgeht, dass 2 plus 2 die Zahl 4 ergibt. Wenn ein Kind sagen würde, die Antwort sei 3, würde es verbessert werden. Mathematikerinnen und Mathematiker könnten jedoch sagen, dass das Resultat 4 lediglich dann wahr ist, wenn wir das Zehnersystem als Grundlage nehmen. Wählten wir eine andere Grundlage, wäre die Antwort nicht 4. Die Aufteilung von Menschen in zwei Geschlechter, männlich und weiblich, wird üblicherweise akzeptiert. Es gibt jedoch einige Kulturen, die ein drittes Geschlecht konstruieren, das zwischen dem weiblichen und dem männlichen liegt. Der Begriff „Rasse" wurde ebenfalls innerhalb von Gemeinschaften entwickelt und in einigen Kulturen werden Menschen durch Klassen- oder Kasten-Systeme höhere und niedrigere soziale Positionen zugewiesen. Um zur Frage zurückzukehren, ob der Mond aus blauem Käse besteht oder aus etwas anderem: Die Antwort ist abhängig von der Gemeinschaft, zu der wir gehören. In einem poetischen Rahmen mögen wir sogar sagen, Diana, die römische Göttin der Antike, sei der Mond.

Der Gedanke, Wahrheit innerhalb von Gemeinschaften zu lokalisieren, hat enorme Konsequenzen. Wie wir gesehen haben, sind alle Konstruktionen des Wirklichen in Lebensformen eingebettet, und alle Lebensformen sind mit Werten ausgestattet. Das bedeutet, dass Wahrheitsansprüche ausnahmslos mit Wertetraditionen verbunden sind. Somit ist es innerhalb einer Gemeinschaft von Wissenschaftlern für Raketentechnik wichtig zu wissen, ob es wahr oder falsch ist, dass eine Rakete einer bestimmten Bahn folgen wird. Diese Wahrheit ist eng mit dem Wert verknüpft, den diese Wissenschaftler dem Ziel zuschreiben, die Rakete solle ihren Bestimmungsort sicher erreichen. Psychiater versuchen, die Wahrheit über „psychische Krankheiten" herauszufinden. Diese Suche ist eng mit den Werten verbunden, die sie dem zuschreiben, was sie unter einem gesunden Lebensweg verstehen.

Unsere Probleme beginnen jedoch dann, wenn lokale Wahrheitsansprüche als transzendentale Wahrheit behandelt werden, wenn eine Gemeinschaft den Anspruch erhebt, die Welt sei durch einen *Big Bang* kreiert worden und eine andere Gemeinschaft darauf besteht, die Welt sei durch einen *Big God* erschaffen worden; wenn jemand behauptet, Homosexualität sei eine Störung und ein anderer wiederum, es sei eine normale menschliche Aktivität; oder wenn jemand postuliert, jedes Verhalten sei determiniert und ein anderer wiederum sagt, Menschen hätten einen freien Willen. Wie in den meisten Wissensbehauptungen wird dann die Demut des Lokalen durch die Arroganz des Universellen ersetzt.

Der Soziale Konstruktionismus befreit uns von der Aufgabe zu versuchen, Entscheidungen darüber zu treffen, welche Tradition, welcher Satz von Werten, welche Religionen, welche politischen Ideologien oder Ethiken ultimativ oder transzendental wahr oder richtig sind. Aus konstruktionistischer Perspektive mag alles gültig sein, doch nicht für alle Menschen, sondern: Für unterschiedliche Gruppen ist Unterschiedliches gültig. Konstruktionistische Ideen laden zu radikalem Pluralismus ein, damit ist eine Offenheit bezüglich vieler Wege des Benennens und Bewertens gemeint. Weil keine Grundlage existiert, auf der die Überlegenheit der eigenen Tradition gefordert werden könnte, sind wir dazu eingeladen, eine Haltung der Neugierde und des Respekts anderen gegenüber einzunehmen. Was bieten uns andere Traditionen, solche, die unseren eigenen fremd sind? Was ist das Wertvolle an unserer eigenen Tradition? Was können wir mit anderen teilen?

Sicherlich, eine pluralistische Sichtweise wie diese ist im Abstrakten einfacher anzunehmen als im täglichen Tumult des Lebens. Angesichts dessen, was wir in der heutigen Welt als Leid empfinden, als Unterdrückung, Ungerechtigkeit und Brutalität, können wir schwerlich schweigend stillhalten. Für Konstruktionistinnen und Konstruktionisten ist die Tendenz, Verachtenswertes auszurotten, eine Bewegung in die falsche Richtung, denn hier wäre dann Wahrheit ohne Anführungszeichen am Werk. Vielmehr bevorzugen wir Formen des Dialogs, aus denen neue Realitäten und Werte entstehen können. Die Herausforderung lautet nicht, „den *einen* besten Weg“ zu finden, sondern so miteinander in Beziehungen zu treten, dass wir unsere Zukunft *gemeinsam* erschaffen können. Wir werden im dritten Kapitel mehr über diese Form kollaborativer Beziehungs- und Wirklichkeitsgestaltung sagen.

Wissenschaft versus Religion?

Die meisten Wissenschaftler glauben an die Existenz einer realen, materiellen Welt, die unabhängig von den Menschen ist. Sie glauben an die Möglichkeit der Entdeckung der Welt durch systematische Messung (Teleskope, Mikroskope etc.). Und sie glauben an die Möglichkeit exakter Repräsentierbarkeit durch symbolische Systeme – Sprache und mathematische Formeln inbegriffen. Normalerweise sagen Forscher, sie seien mithilfe ihrer Methoden in der Lage, sich der Welt, wie sie wirklich ist, immer mehr anzunähern. Der Erfolg wissenschaftlicher Forschung – von der Ausrottung tödlicher Krankheiten bis hin zur Nutzbarmachung von Atomenergie – hat viele Menschen zu dem Glauben verleitet, Wissenschaft enthülle die Wahrheit über die Welt.

Konstruktionistische Ideen entwerten wissenschaftliche Forschung keineswegs, doch sie bezweifeln die Idee, Wissenschaft enthülle die Wahrheit. Auch die Früchte der Wissenschaft rechtfertigen solche Ansprüche nicht. In einer effektiven Therapiepraxis zum Beispiel geht es nicht um die Enthüllung der Wahrheit von Beschreibungen oder Erklärungen menschlichen Verhaltens. Dies ist ein wichtiger Punkt, denn vor einigen hundert Jahren wurde der Anspruch auf wissenschaftliche Wahrheit zur Diskreditierung religiöser oder spiritueller Traditionen verwendet. Wissenschaft fungierte als Keil in einem Machtkampf, in dem den religiösen Institutionen die gesellschaftliche Kontrolle entrissen wurde. Wissenschaft beschäftigt sich mit Wahrheit, wurde gesagt, während Religion und spirituelle Traditionen auf Fantasie oder Mythen gründen.

Der Konstruktionismus stellt eine neue Modalität bereit, diesen Antagonismus zu sehen: Sowohl wissenschaftliche als auch religiöse und spirituelle Traditionen haben ihre je eigenen Weisen der Welterzeugung. Beide beherbergen bestimmte Werte und bevorzugen bestimmte Lebensweisen. Man kann die Wahrheit religiöser Traditionen nicht direkt mit wissenschaftlicher Wahrheit vergleichen. Jeder Vergleich würde notgedrungen innerhalb der konstruierten Realität einer Tradition gemacht werden. Wir können weder die Wahrheit der

Seele durch wissenschaftliche Mittel messen, noch die Wahrheit der Wissenschaft durch spirituelle Sensitivität. Beide Traditionen sind gewinnbringend – zum Beispiel Raumfahrt und Atomkraft einerseits, und Institutionen, die sich mit spirituellen Themen und Visionen über moralische Werte befassen, andererseits. Beide Traditionen aber sind innerhalb der je eigenen Fachsprache nicht dazu in der Lage, das zu erschaffen, was die jeweils andere Tradition anbietet. Der Soziale Konstruktionismus fordert uns auf, die traditionelle Opposition Wissenschaft versus Religion zu beseitigen. Stattdessen bewegen wir uns in eine Position des *Beides/Und*, in der wir dazu eingeladen sind, die positiven und negativen Konsequenzen der jeweiligen Tradition von vielen Standpunkten aus zu untersuchen.

Zusammenfassung

Wir können den Sozialen Konstruktionismus als einen kontinuierlichen Dialog über den Ursprung dessen sehen, was wir als Wissen über das Reale, das Rationale, das Wahre und das Gute ausmachen – letztendlich über alles, was uns im Leben wichtig ist. Konstruktionistische Ideen können als Dach gesehen werden, unter dem alle Bedeutungstraditionen und Handlungen ihren Platz finden. Unter dem konstruktionistischen Dach können wir uns durch Traditionen hinweg bewegen, sie wertschätzen, sie bewerten, sie uns aneignen, mit ihnen verschmelzen und sie neu kreieren. Gleichzeitig muss auch den konstruktionistischen Ideen selbst ein Platz unter diesem Dach gegeben werden. Auch sie müssen den Anspruch auf transzendente Wahrheit vermeiden. Und während wir diese Worte schreiben, sind wir gleichzeitig darum bemüht, mit Ihnen als Leser gemeinsam Bedeutung zu erzeugen. Die wichtige Frage ist nicht, ob unsere Worte wahr oder objektiv sind, sondern vielmehr, was mit unserem Leben passiert, wenn wir in diese oder jene Form des Verständnisses und der Bedeutungsgebung eintreten. Wir hoffen zeigen zu können, dass viele neue und vielversprechende Wege vor uns liegen.

2 Von der Kritik zur Rekonstruktion

Eines der faszinierendsten Dinge bezüglich unseres eigenen Engagements im Bereich konstruktionistischer Ideen ist die unaufhörliche Kreativität, zu der diese Ideen einladen. Diejenigen, die Wahrheit suchen, versuchen, die Welt auf einen einzigen, starren Satz von Wörtern zu reduzieren. Wahrheit zu deklarieren heißt, Sprache einzufrieren und somit das Reich der Bedeutungsmöglichkeiten zu reduzieren. Im Gegensatz dazu bevorzugen Konstruktionistinnen und Konstruktionisten immer einen offenen Dialog, in dem stets Platz ist für eine andere Stimme, für eine andere Vision und Revision sowie für weitere Expansionen des Beziehungsfeldes. In diesem Kapitel führen wir einige wichtige Entwicklungen im Bereich konstruktionistischer Dialoge ein. Zuerst wenden wir uns den Beiträgen des Konstruktionismus zu kritischer Reflexion zu. Diese Diskussion wird uns auf die konstruktionistische Infragestellung der westlichen Tradition des Individualismus vorbereiten. Im Sozialen Konstruktionismus wird das Individuum als Quelle von Wissen und Bedeutung durch Beziehung ersetzt. Schließlich werden wir aktuelle Ansätze der Rekonstruktion des Selbst beleuchten.

Dekonstruktion und darüber hinaus

Mit der Verbreitung konstruktionistischer Ideen ging auch eine Steigerung kritischer Reflexionen im Alltag einher. Warum ist das so? Weil wir realisieren, dass alles immer auch anders sein könnte, sobald wir uns gewahr werden, dass jegliche

Aussage bezüglich der Natur der Dinge lediglich „*ein* Weg des Begreifens" ist – unabhängig von dem Status, den Leistungen oder dem offenbaren Genius des Sprechers. Jede Art der Weltkonstruktion erhält eine bestimmte Tradition aufrecht, die mit bestimmten Werten aufgeladen ist, während gleichzeitig alles, was nicht mit eingeschlossen ist, unbeachtet bleibt. Folglich wächst die Neugierde zu erfahren, wessen Tradition besonders geehrt oder nicht hinterfragt und wessen Stimme unterdrückt wird oder verstummt. Wir fangen zum Beispiel an zu fragen, was für eine Art von Welt durch diesen oder jenen Zeitungsbericht hergestellt wird oder durch diese politische Rede oder durch eine Institution, die wissenschaftliche Schriften verfasst. Wer wird bevorzugt? Wer wird marginalisiert? Wollen wir diese Art der Weltkonstruktion notwendigerweise annehmen ebenso wie die Zukunft, die damit für uns hergestellt wird? Diese Art kritischer Sensibilität breitet sich zunehmend in der westlichen Kultur aus. Wir werden empfindsamer für die Art, in der das Fernsehen verschiedene Gruppen konstruiert, z. B. Afroamerikaner, Frauen, Italiener, Senioren. Bildungsprogramme der Medien sensibilisieren uns für die Prozesse, durch die Politiker „Fakten herstellen" und für die subtile Einbettung politischer Ideologien in Nachrichtenberichte. Eltern sind höchst beunruhigt ob der Einstellungen, die ihren Kindern durch das Fernsehen vermittelt werden. All diese Überlegungen zeigen die bereits existierende kritische Haltung bestimmten Wirklichkeitsentwürfen gegenüber und in diesem Sinne ist konstruktionistische Wissenschaft Ausdruck einer breiteren Sensibilität, die schon im Gange ist.

Innerhalb der akademischen Sphäre ist diese kritische Einstellung längst geschärft. Hervorstechend waren vor allem feministische Wissenschaftlerinnen, die bereits früh auf die subtilen Vorurteile aufmerksam gemacht haben, die in Wörtern wie „mankind" (Menschheit), „policeman" (Polizist/Polizistin) und „chairman" (Vorsitzender/Vorsitzende) enthalten sind und die sich fragen, warum Gott als Mann dargestellt wird. Andere Gruppen haben sich mittlerweile dieser Bewegung angeschlossen, Menschen, die das unterdrückende Gewicht der etablierten Kultur fühlen, das auf ihrem Leben lastet. Ein Großteil dieser kritischen Arbeit ist zurzeit in den Kulturwissenschaften lokalisiert, u. a. in den Bereichen Afroamerikanische Studien, Asien-Studien oder Studien zur sexuellen Identität. Im nächsten Kapitel werden wir die spezifische Arbeit einer Bewegung namens *Critical Education* (Kritische Pädagogik) in den Blick nehmen.

Wer hat die Macht: Das Sperma oder das Ei?

Ein kraftvolles Beispiel für kritisch feministische Arbeit sind Emily Martins Studien über die Beschreibungsweise menschlicher Befruchtungsprozesse in medizinischen Texten. Die populärsten Schilderungen folgen einem Märchen, dem zufolge eine Vielzahl aktiver Spermien (die heroischen Figuren des Märchens) um die große Chance ringen, die Festung zu erobern und das Prinzessinnenei zu durchdringen. Währenddessen sitzt die Prinzessin passiv und wartet auf den glücklichen Gewinner des Wettkampfs. Die Befruchtung ist das erfolgreiche Ende der Eroberung durch den Helden. Martin betont, dass dieser biologische Befruchtungsansatz den alten Mythos über den machtvollen, aktiven Mann und die passive, hilflose Frau wissenschaftlich autorisiert.

Sicherlich, wenn wir uns den Befruchtungsvorgang auf Video ansehen, sehen wir praktisch das aktive Spermium, das die passive Eizelle durchdringt. Oder etwa nicht? Was würden wir sehen, fragt Martin, wenn unsere Geschichte sich dadurch auszeichnen würde, dass von einer exotischen

Ei-Sirene die Rede wäre, die die hilflosen, unglücklichen Spermien in ihr Lager köderte? Während sie sie herbeiwinkt, sucht sie eines aus und zerstört den Rest. Diesmal wird die Eizelle zur dominanten Kraft. Unsere Sicht dessen, was im Video passiert, verändert sich dementsprechend.

Die zweite Geschichte ist selbstverständlich nicht wahrer als die erste. (Und auch nicht politisch korrekter!) Bei beiden handelt es sich um narrative Konstruktionen bezüglich dessen, was stattfindet. Doch die wissenschaftlichen Implikationen sind völlig unterschiedlich. Der medizinischen Anthropologin Emily Martin ist es besonders wichtig, die politische Natur unserer Interpretationen zu verdeutlichen. Das Resultat ist auch eine qualifiziertere Biologie. In der traditionellen Forschung bezüglich Unfruchtbarkeit wurde die Aufmerksamkeit in erster Linie auf die Mobilität und Kraft der Spermien gelegt. Durch die Annahme der zweiten Geschichte – die Eizelle als Sirene – wird auch den Charakteristiken der Eizelle Aufmerksamkeit geschenkt und den Durchgangswegen der Spermien. Wie auch immer – beide Geschichten sind begrenzt. Welche anderen Geschichten oder Metaphern könnten zur Erhöhung unseres Verständnisses menschlicher Reproduktion beitragen?

Kritische Bemühungen dieser Couleur sind für die Entwicklung von Demokratie enorm wichtig. Sie hintertreiben Versuche einzelner Gruppen, andere durch bestimmte Konstruktionen des Realen und des Guten zu dominieren oder zu unterdrücken. Sie multiplizieren die „gegenseitige Kontrolle“ zwecks Sicherung von Partizipation. So entstanden zum Beispiel hunderte von Webseiten und Internetforen aus dem Bewusstsein heraus, dass alle wichtigen Zeitungen ihre Nachrichten aus einer bestimmten Perspektive formulieren und dass es nur sehr wenige unabhängige Zeitungen gibt. Diese Foren bieten die Option öffentlicher Äußerung. Zusätzlich zur Förderung demokratischer Prozesse erleben viele Menschen diese kritischen Arbeiten als Befreiung. Wir sind dann frei, Alternativen zu berücksichtigen, wenn wir in der Lage sind, die Grenzen und inhärenten Vorurteile des für selbstverständlich Gehaltenen zu sehen.

Kritische Impulse sind zwar für eine gerechte Gesellschaft essenziell, jedoch auch gefährlich. Kritik stellt die Legitimität des Gesagten oder Geschriebenen in Frage. Wenn es unsere eigenen Worte sind, die attackiert werden, dann kann es vorkommen, dass wir als voreingenommen, egoistisch, unterdrückend oder ausbeutend dargestellt werden. Es verwundert nicht, dass auf Kritik häufig mit Ärger oder Gegenangriff reagiert wird. Beide, sowohl die Kritiker als auch die Zielscheiben der Kritik, glauben typischerweise an die Güte und Richtigkeit des eigenen Handelns. Das gegenseitige Vertrauen ist schnell zerstört, Feindseligkeit gewinnt die Oberhand. Es gilt, die Tradition kompromissloser Kritik in neue Diskursformen überzuführen. Wie können wir kritisch reflektieren, ohne andere zu dämonisieren? Wie können wir uns jenseits der Barrieren separierender Bedeutungserzeugung bewegen, um zusammen eine aussichtsreiche Zukunft zu entwerfen? Einige Möglichkeiten werden wir im dritten Kapitel beleuchten.

Vom Individuum zur Beziehung

Was ist offensichtlicher als der Fakt, dass unsere soziale Welt aus getrennten Individuen besteht, die normalerweise alle mit der Kapazität ausgestattet sind, bewusste Entscheidungen zu treffen? Aus diesem offensichtlichen Grund bevorzugen wir eine Demokratie, in der jeder erwachsene Bürger und jede erwachsene Bürgerin das Recht hat, eine Stimme abzugeben, Gerichtshöfe, in denen wir individuelle Akteure für ihre Taten verantwortlich halten, Schulen, in denen wir die individuelle Arbeit jedes Schülers und jeder Schülerin bewerten und Organisationen, in denen sich die Beurteilungen auf den Einzelnen beziehen. Vor allem darum charakterisieren wir die westliche Kultur als individualistisch.

Dennoch halten Konstruktionistinnen und Konstruktionisten die offensichtliche Tatsache des „Individuums als bewusstem Entscheidungsträger" nicht für selbstverständlich. Stattdessen sehen wir darin lediglich *einen* Weg der Welterzeugung. Faktisch ist die individualistische Orientierung im sozialen Leben gar nicht so alt, geschichtlich gesehen etwa drei Jahrhunderte. Und sie wird *nicht* von der Mehrheit der Menschen dieser Welt geteilt. Dieser Umstand macht sie nicht falsch, doch er erlaubt uns, aus diesem Gehäuse herauszutreten und nach den Vor- und Nachteilen zu fragen. Was haben wir davon, wenn wir die Welt auf diese Weise konstruieren? Was verlieren wir? Welche Alternativen gibt es?

Sicherlich kann viel zum Vorteil des Individualismus gesagt werden. Zum Beispiel ist das Leben für viele Menschen gerade darum bedeutsam und sinnvoll, weil sie sich um ihretwillen geliebt, geehrt oder geschätzt fühlen. Und für die meisten von uns gibt es keine der Demokratie vorzuziehende Alternative. Gleichzeitig hat der Individualismus auch seine Schattenseiten. Aus individualistischer Sicht sind wir eingeladen, die soziale Welt als eine zu sehen, die aus grundsätzlich isolierten Individuen besteht. Wir lernen, dass wir die Seele der anderen nicht durchschauen können. Darum können wir ihnen nicht vollkommen vertrauen. Weil wir voraussetzen, dass jeder sich selbst am nächsten ist, haben wir moralische Schulungen nötig – damit wir lernen, für andere zu sorgen. Selbstachtung wird eine Kardinaldimension in unserem Leben, wir haben

Angst, verspottet zu werden und wir versuchen, immer besser zu sein als andere. In einer individualistischen Welt spielen Beziehungen die zweite Geige. Sie werden als künstliche Erfindung behandelt, gelten als zeitraubend und lediglich für abhängige Menschen von Bedeutung.

Genau an diesem Punkt greifen konstruktionistische Ideen. Wenn eine bestimmte Konstruktion des Selbst oder der Welt unser Wohlbefinden gefährdet, sind wir eingeladen, Alternativen zu entwickeln. Aus konstruktionistischer Perspektive bilden Beziehungen und nicht Individuen die Basis der Gesellschaft. Lassen Sie uns diese Position nun näher betrachten, doch nicht mit dem Ziel, die Wahrheit des relationalen Standpunktes zu beweisen, sondern um zu sehen, welche vielleicht neuen und aussichtsreicheren Handlungsformen ein Denken in Beziehungen in Aussicht stellt.

Sinn als koordiniertes Handeln

Traditionellerweise wird Sinn als etwas bezeichnet, das sich in den Köpfen einzelner Individuen befindet. Wir nehmen an, dass Wörter nach außen gerichtete Ausdrücke innerer Verstandestätigkeiten sind. Wenn wir jemanden fragen: „Was meinst Du damit?", dann erwarten wir, dass der Sprecher seine privaten Sichtweisen spezifiziert. Diese Konzeption von Bedeutung liegt im Zentrum der individualistischen Tradition. Sie sieht das Individuum als Quelle jeglicher Bedeutungsgebung. Neben ihrer Neigung zum Individualismus produziert diese Konzeption auch ein Problem menschlichen Verstehens. Wenn sich Bedeutung „innerhalb des Kopfes" befindet und wenn verbale Äußerungen der einzige Anhaltspunkt sind, das zu erfassen, „was dort drinnen vor sich geht", dann werden wir niemals in der Lage sein, den Anderen zu verstehen. Wir können niemals verifizieren, dass wir mit unseren Annahmen richtig liegen. Uns stehen lediglich die nach außen dringenden Bemerkungen des Gesprächspartners zur Verfügung. Doch diese Äußerungen bringen uns in die gleiche Verlegenheit. Wie können wir wissen, was sie bedeuten? Wir befinden uns dann in einem Kreislauf, den Wissenschaftler *hermeneutischen Zirkel* nennen, eine niemals endende Spirale, in der jede Antwort schlicht eine neue Frage kreiert. Lassen Sie uns auf die Annahme verzichten, Sinn befinde sich innerhalb des Kopfes. Lassen Sie uns stattdessen den Fokus auf die Art und Weise legen, wie Sinn durch Beziehungen erzeugt wird. Wir lassen also das *Innen* hinter uns und bewegen uns in Richtung *Dazwischen*. Wie können wir Bedeutung als relational – also als *in Beziehung hergestellt* – fassen?

Die folgenden vier Prämissen sind zentral:

1) Die Äußerungen eines Individuums besitzen selbst keinen Sinn.

Ein Mann trifft eine Frau auf der Straße. Er lächelt und sagt „Hallo Anna“. Sie hört ihn nicht und geht schweigend vorbei. Was hat er denn dann gesagt? Sicherlich, er hat zwei Worte ausgesprochen. Doch trotz all des Unterschiedes den dies macht, hätte er auch zwei Nonsens-Silben wählen oder nichts sagen können. Alleine kann er keinen Sinn erzeugen.

2) Bedeutungserzeugung wird durch ergänzende Handlungen verwirklicht.

Unsere Äußerungen fangen an Sinn zu machen, wenn unser Gegenüber darauf antwortet, also wenn der andere eine ergänzende Handlung anschließt. Wenn Anna antwortet „Oh, hallo, guten Morgen …“, dann hat sie die Worte des Mannes als Begrüßung kreiert. Kommunizieren heißt, anderen ein Privileg von Bedeutung zugestehen. Wenn andere unsere Äußerungen nicht als Kommunikation behandeln („Das macht überhaupt keinen Sinn"), wenn sie es nicht fertigbringen, sich selbst um unsere Angebote herum zu koordinieren („Das ist stupide"), dann haben wir es nicht geschafft, Sinn herzustellen.

Wenn wir diese beiden ersten Prämissen kombinieren, sehen wir, dass Sinn keineswegs innerhalb des Kopfes der beiden Individuum residiert, sondern nur innerhalb ihrer Beziehung. Beide, die Handlung und die Ergänzung, müssen koordiniert werden, damit Sinn hervorgehen kann. Wie ein Handschlag, ein Kuss oder ein Tango, letztendlich sind zwei dafür erforderlich.

3) Ergänzende Handlung selbst erfordert auch wieder eine Ergänzung.

Jede Ergänzung funktioniert zweifach: Erstens gewährt sie dem Vorausgehenden Bedeutsamkeit, und zweitens funktioniert sie als eine Handlung, die selbst Ergänzung erfordert. Sie wird also erst sinnvoll, wenn sie eine Ergänzung erfährt. Denken Sie an eine Therapieklientin, die über ihr Gefühl von Hilflosigkeit spricht. Sie fühlt sich weder dazu in der Lage, mit ihrem aggressiven Ehemann fertig zu werden noch mit ihrer untolerierbaren beruflichen Situation. Die Therapeutin kann diese Schilderung als Ausdruck einer Depression kreieren, indem sie sagt: „Ja, ich kann sehen, warum Sie depressiv sind. Erzählen Sie mir etwas mehr." Diese Ergänzung macht allerdings solange keinen Sinn, bis die Klientin ebenfalls eine Ergänzung liefert. Ignoriert sie die Aussage, dann erkennt sie den Worten der Therapeutin die Signifikanz ab. Wenn sie betont: „Ich habe nicht gesagt, dass ich depressiv war! Ich bin lediglich verärgert!", dann reduziert sie die Aussage der Therapeutin auf eine arrogante Behauptung. Wenn sie sagt: „Ja, ich bin schrecklich depressiv...", dann bekommt die Depression eine Realität für die beiden und sie können damit arbeiten. In einem breiteren Sinne kann man sagen: Wir leben unser Leben dialogisch. Sinn machen wir nur aufgrund dessen, was vorausgeht und was folgt.

4) Traditionen liefern uns Bedeutungsmöglichkeiten, aber sie determinieren nichts.

Es ist wichtig sich vorzustellen, dass die Worte und Handlungen, mit denen wir gemeinsam Bedeutung erzeugen, größtenteils aus anderen Zeiten und von anderen Orten ausgeliehen sind. Würde sich uns jemand nähern und damit anfangen, eine Folge von Vokalen zu äußern wie „ahhh, ehhh, ooo, uuuu …“, dann wären wir sicherlich verwirrt. Vielleicht würden wir nach dem nächsten Ausgang Ausschau halten. Die Handlungen des Individuums befinden sich außerhalb jeglicher uns bekannten koordinierten Sequenz. Letztendlich beruht unsere heutige Fähigkeit, gemeinsam Bedeutung zu erzeugen, auf einer Geschichte, die oft viele Jahrhunderte alt ist. In diesem Sinne schulden wir den Traditionen – also den verschiedenen Formen, unser Miteinander zu koordinieren – die Fähigkeit, uns zu verlieben, gerechte Vorhaben zu unterstützen oder uns an der Entwicklung unserer Kinder zu erfreuen. Immer aber orientieren wir uns an der Vielfalt vergangener Beziehungen.

Wir sind jedoch nicht ausschließlich auf Vergangenes festgelegt. Neue Kombinationen von Handlung und Ergänzung sind immer am Entstehen. Denken Sie zum Beispiel an eine lebhafte Konversation. Für jeden Ausdruck sind dutzende Möglichkeiten sinnvoller Ergänzungen vorhanden, die Ergebnisse unserer Kommunikation sind immer einzigartige Kreationen. Beachten Sie in diesem Zusammenhang auch die Wirkung, die entsteht, wenn wir Kommunikation als Spiel auffassen: Wenn wir darin übereinstimmen, dass wir spielen oder herumalbern, dann sagen und tun wir unkonventionelle Dinge, kreieren neuartige Sequenzen, lachen viel … und zaubern möglicherweise neue Einsichten herbei.

Das relationale Selbst

Was bedeutet es, ein menschliches Wesen zu sein? Was ist unsere grundlegende Natur? Diese Frage stellen wir uns nicht oft, weil wir es mehr oder weniger für selbstverständlich halten, dass Menschen Kreaturen sind, die die Fähigkeit besitzen, rationale Entscheidungen zu treffen, zu fühlen und zu wünschen, sich an vergangene Zeiten zu erinnern und so weiter. Doch wie wir bereits erwähnten, haben solche Überzeugungen des gesunden Menschenverstands erst innerhalb der letzten paar Jahrhunderte eine wesentliche Bedeutung erhalten. Bedenken Sie, dass es vor René Descartes' Diktum „Ich denke, also bin ich" im 17. Jahrhundert nicht selbstverständlich war davon auszugehen, dass Menschen denken können. Und Denken wurde damals auch nicht als zentrales Merkmal des Menschseins angesehen. Das Konzept der „Gefühle" entwickelte sich nicht vor dem 18. Jahrhundert. Gleichzeitig verschwanden andere menschliche Qualitäten. Zum Beispiel haben wir die Bedeutung der „Melancholie" mehr oder weniger vergessen, einem emotionalen Zustand, der früher durch Missmut und Ausbrüche leidenschaftlichen Ingrimms charakterisiert wurde. Im 17. Jahrhundert war Melancholie so offensichtlich, dass Robert Burton ein 500 Seiten langes Buch über ihre Ursachen und Heilungsmöglichkeiten verfassen konnte. „Die Seele" war über Jahrhunderte hinweg ein Faktum menschlichen Wesens, heute hingegen denken viele, sie sei ein Mythos. Der freie Wille wurde in den letzten Jahrhunderten als einzigartige menschliche Tugend angesehen, doch für die meisten Wissenschaftlerinnen und Wissenschaftler, die eine deterministische Sichtweise des Universums vertreten, ist der freie Wille eine offensichtliche Fiktion.

Psychische Krankheit als Defizit-Diskurs

Werden Sie wegen Depressionen behandelt? Kennen Sie einen jungen Menschen, der die Diagnose Aufmerksamkeits-Defizit-Syndrom bekommen hat? Die Antwort auf solche Fragen lautet immer öfter „Ja". Doch bis zum 20. Jahrhundert gab es keine psychischen Krankheiten, die Depression oder Aufmerksamkeits-Defizit-Syndrom genannt worden wären. Interessant ist, dass wir im Jahr 1900 nur eine handvoll Begriffe hatten, die „psychische" Krankheiten bezeichneten. Bis zum Jahr 2000 hatten die Professionellen des Gesundheitssektors über 400 Formen psychischer Krankheit „entdeckt". So zählt psychische Krankheit mittlerweile zu den führenden Kategorien US-amerikanischer Gesundheitsausgaben. Psychopharmaka sind ein Multi-Billionen-Dollar-Geschäft. In dem Maße, in dem der Diskurs über persönliche Defizite wissenschaftliche Glaubwürdigkeit erhält und die Defizite zum Allgemeinwissen werden, fangen wir an, uns selbst auf diese Art und Weise zu konstruieren.

Aus sozialkonstruktionistischer Perspektive befindet sich psychische Krankheit nicht einfach „dort draußen", darauf wartend, entdeckt zu werden. Vielmehr konstruieren wir bestimmte Handlungen als „Krankheit"... oder nicht. Eine Person, die „traurig" ist , „betrübt" oder „eine Flaute durchmacht", muss nicht als „krank" diagnostiziert werden. Stattdessen denken wir, dass diese Person ein wenig Unterstützung von Freunden braucht oder von der Familie, ein wenig Erfolg und Anerkennung, eine neue Freundin oder Zeit, einen Verlust zu überwinden. Wenn wir diese Person mit dem Etikett „klinische Depression" belegen, dann übergeben wir sie einer Behandlung, die möglicherweise zu lebenslanger Abhängigkeit von Antidepressiva führt. Wenn wir ein Kind als „vor Neugierde übersprudelnd" bezeichnen oder sagen, dass es „sehr viel Stimulation braucht", dann können wir mit ihm gemeinsam Dinge finden, an denen es interessiert ist. Wenn dasselbe Kind die Diagnose Aufmerksamkeits-Defizit-Syndrom erhält, ist die Wahrscheinlichkeit groß, dass es jahrelang Ritalin verschrieben bekommt. Als Sozialkonstruktionistinnen und Sozialkonstruktionisten sind wir sensibilisiert für diese problematischen Effekte von Defizitdiskursen und ermutigen zur Suche nach alternativen Konstruktionen, die uns aussichtsreicher erscheinen.

Lassen Sie uns unsere Aufmerksamkeit auf die als selbstverständlich angenommene Welt psychischer Vorgänge lenken, eine Welt, die viele Menschen heutzutage miteinander teilen. Sicherlich ist es enorm wertvoll für uns, von unseren Gedanken, Gefühlen, Wünschen und Erinnerungen zu sprechen. Was würde zum Beispiel eine intime Beziehung ausmachen, wenn wir nicht glaubten, dass wir unsere innersten Gefühle mit anderen teilen? Die Tatsache, dass uns diese Art der Konstruktion der Seele wichtig ist, sollte kein Grund sein, die Reflexion darüber zu vernachlässigen. Mit Worten wie Gedanke, Emotion, Wunsch und Gedächtnis erzeugen wir eine Welt „innerhalb des Kopfes" des Individuums. Wenn die „innere Welt" das wesentlichste Merkmal ist, das menschliche Wesen auszeichnet, kreieren wir eine Welt des Getrenntseins, der Isolation und des Konflikts. Dies haben wir bereits im Abschnitt zum relationalen Selbst diskutiert. Wir sind dann nicht fähig zu erklären, wie Kommunikation überhaupt möglich ist. Tatsächlich haben wir mit unserer Konstruktion des Selbst dazu beigetragen, eine Ideologie des Individualismus herzustellen. Nicht alle ihre Implikationen für das Miteinander sind befriedigend.

Für Konstruktionistinnen und Konstruktionisten sind diese Probleme eine Herausforderung zur Rekonstruktion. Wir fragen, ob es möglich ist, die „geistige Welt“ anders als privat und „dort drinnen hinter den Augen“ zu rekonstruieren. Können wir von nun an Gedanken, Gefühle, Wünsche, Erinnerungen und Ähnliches als etwas betrachten, das in Beziehung geboren wird und das außerhalb von Beziehungen bedeutungslos ist? Gelängen uns diese Rekonstruktionen, dann würden wir uns selbst nicht länger als isoliert und unabhängig sehen, als fundamental selbstsüchtig oder durch Konkurrenten gefährdet. Wir würden uns als Resultat von Beziehungen sehen. „Selbst versus Andere“ würde sich in „Selbst durch Andere“ ändern. Lassen Sie uns im Folgenden die wichtigen Schritte in Richtung eines relationalen Selbst in Betracht ziehen.

Die relationale Rekonstruktion von Psyche und Verstand

Das Unterfangen, ein relationales Selbst zu kreieren, ist nicht einfach, vor allem weil die Wörter, die uns zur Verfügung stehen, Produkte einer individualistischen Tradition sind. Wir haben Tausende von Begriffen, die die Beschaffenheit und den Gehalt der individuellen Psyche „wirklich machen“. Wir können endlos über unsere Gedanken, Gefühle, Wünsche, Hoffnungen, Träume, Ideale und so weiter sprechen. Im Gegensatz dazu haben wir nur sehr wenige Worte, um Beziehungen zu beschreiben. Es ist, als hätten wir eine enorm reiche Sprache, um die Figuren auf einem Schachbrett zu beschreiben, aber nur wenige Worte, um das Spiel darzustellen. Wie können wir damit fortfahren, ein relationales Selbst zu entwerfen, ohne eine individuelle Psyche oder einen individuellen Verstand vorauszusetzen? Viele Wissenschaftlerinnen und Wissenschaftler versuchen zurzeit, diese Frage zu beantworten.

Betrachten Sie bitte folgende vier Vorschläge, die dazu dienen sollen, die Türe zu diesem Unterfangen zu öffnen:

1) Der Diskurs über Verstand und Psyche wird im Dialog geboren.

Viele Menschen glauben, die Worte, mit denen wir geistige Zustände beschreiben, seien aufgrund der faktischen Existenz der Zustände selbst erforderlich. Das heißt: Weil Denken tatsächlich im Kopf existiert, haben wir das Wort „Gedanke" entwickelt. Demgegenüber könnten Konstruktionistinnen und Konstruktionisten einwenden: Das Wort „Denken" existiert nicht darum, weil wir irgendwie in unsere Gedanken gespäht und einen Prozess identifiziert haben, den wir nun „Denken" nennen. Denn worauf schauen wir, wenn wir keine Gedanken in unserem Gehirn sehen können? Selbst wenn wir es könnten – wie sollen wir einen „Einfall" im Gegensatz zu einer „Einstellung" oder einer „Hoffnung" identifizieren?

Vielmehr werden unsere Sprachen innerhalb unserer Dialoge mit anderen geboren. Descartes' Ausdruck über sein „Denken" ist nur innerhalb einer bestimmten Geschichte des Dialogs vernünftig. Was wäre, wenn andere Philosophen ihm während ihrer gemeinsamen Gespräche gesagt hätten: „Was meinst du eigentlich mit dem Wort *Denken*?" Ohne zwischenmenschliche Koordination bleiben unsere Äußerungen leer. Gerade weil unsere Worte im Dialog kreiert werden, ist es leicht zu verstehen, warum Begriffe in der Geschichte auftauchen und wieder verschwinden und auch, warum es für uns nicht schwer war und ist, Hunderte von Begriffen für psychische Krankheit zu erfinden. Dies erklärt auch, warum die vielen Kulturen auf der Welt unterschiedliche Auffassungen über das, „was Menschen krank macht", vertreten.

2) Der Diskurs über Verstand und Psyche erlangt seinen Wert durch seinen Gebrauch.

Zu sagen, dass der Diskurs über Verstand und Psyche im Dialog geboren wird, heißt auch zu sagen, dass die Bedeutung dessen, was wir Verstand und Psyche nennen, vom sozialen Gebrauch abhängig ist. Wir müssen dann nicht fragen, ob die Worte, die wir verwenden, unsere inneren Zustände richtig und genau porträtieren. Wenn Sie sagen: „Ich wünsche mir sehr, dass du hier bei mir bist", dann stellt sich nicht die Frage, ob das Wort „wünschen" mit einem Zustand in Ihrem Gehirn übereinstimmt. Vielmehr geht es darum, wie diese Worte innerhalb einer Beziehung funktionieren. Welche sozialen Konsequenzen hat es, wenn Sie diese Worte aussprechen?

Betrachten wir einmal alle Begriffe, die uns zur Verfügung stehen, um Zustände von Verzauberung und Anziehung auszudrücken. Sie können sagen: „Ich bewundere dich", „Ich bin fasziniert von dir", „Ich liebe dich", „Ich bete dich an", „Ich bin verrückt nach dir", „Ich liebe dich bis zur Verzweiflung" und so weiter. Die Möglichkeiten sind nahezu unzählbar. Was wäre, wenn wir eine dieser Phrasen in Opposition zu einer anderen verwendeten? Wie wäre die Wirkung? Abhängig davon, wann und wem wir diese Worte sagen, werden andere uns näher kommen oder distanziert bleiben oder wir handeln uns sogar eine einstweilige Verfügung ein! Es gibt unzählige Wege, über Verzauberung zu sprechen. Doch diese vielen Wege existieren nicht, weil es sich dabei um unzählig viele geistige Zustände handelt, sondern aufgrund der Anforderungen eines komplexen Beziehungslebens.

3) Sprache ist nur eine Komponente unserer Auftritte.

Bisher haben wir eine starke Betonung auf die Wörter selbst gelegt – auf Wörter wie Gedanke, Emotion und so weiter. Doch Wörter sind von Gesichtsausdrücken, Körperhaltungen, körperlichen Bewegungen und anderen Aktivitäten begleitet. Diese körperlichen Ausdrücke sind ganz entscheidend für die Art und Weise, in der die Worte wirken. Sie mögen zum Beispiel jemandem sagen: „Es tut mir so leid, dass ich dich verletzt habe". Wird diese Äußerung durch ein Lachen oder durch Spott begleitet, werden Sie Probleme bekommen. Um die Beziehung zu stärken, ist in dieser Situation ein seriöser Gesichtsausdruck erforderlich. Ähnlich tun es auch Schauspieler, wenn sie vor der Aufgabe stehen, bezwingende Gefühlsauftritte von Liebe, Zorn oder Mitgefühl spielen zu müssen. Ihre Worte sind dann lediglich *eine* Komponente des gesamten Auftritts. Sie fragen nicht nach ihren wahren Gefühlen, sondern sie sind damit beschäftigt, diese Emotionen zu erzeugen.

Damit möchten wir nicht sagen, unsere „Auftritte" seien oberflächlich oder berechnend. Wenn wir uns zum Beispiel in einem „Strudel des Zorns" befinden, dann sind wir stärker involviert als der Schauspieler und die Schauspielerin auf der Bühne. Im Gegensatz dazu müssen Bühnenkünstler ihren Auftritt auf gewisser Distanz halten. Sie müssen den Part „spielen" und nicht „der Part sein". So wie ein Basketballspieler mit Intensität durch das Gedränge von Körpern springt, um einen Korb zu erzielen, sind auch wir dazu in der Lage unsere Gefühle mit unerschütterlicher Tiefe „zu spielen". Und nicht anders als die Theaterdarsteller kalkulieren auch wir notwendigerweise die Effekte unserer Auftritte. Im Regelfall führen wir nicht zwei Darbietungen gleichzeitig aus. Zum Beispiel ist eine Äußerung wie „Ich schätze deine Hilfe wirklich" meistens nicht von dem Gedanken begleitet: „Wenn ich dies äußere, wird er mir weiterhin helfen!". Sicherlich kommen solche Szenen vor, aber die meiste Zeit über sind wir einfach „in der Situation" und stellen authentisch dar.

4) Unsere Auftritte sind Komponenten von Beziehungssequenzen.

Die Bedeutung eines Wortes hängt entscheidend von dem Satz ab, in den das Wort eingebettet ist. Die Bedeutung des Begriffs „Ball“ variiert, je nachdem, ob wir „Wirf den Ball“ sagen oder „Wir waren auf einem Ball“. Auf die gleiche Weise sind auch Aufführungen des Denkens oder Fühlens nur an spezifischen Punkten einer relationalen Sequenz verständlich. Wenn Sie zu einem Fremden gehen und „Ich bin verflucht ärgerlich!“ schreien, werden Sie damit keinen Sinn erzeugen. Wenn jedoch der Fremde versucht hätte, wegzulaufen, nachdem er die Türe Ihres Autos eingebeult hatte, dann wäre der gleiche Auftritt völlig sinnvoll. In diesem Falle würden wir eher das Verhalten derjenigen Person missbilligen, die ihren Ärger zurückhielte. Formulierungen sind nur zu bestimmten Zeiten und Orten relational angemessen, ansonsten erscheinen sie schlicht bizarr oder seltsam.

Es mag hier zweckmäßig sein, an Tanz zu denken – an Swing, Tango oder Salsa. Die Bewegungen der Tanzenden ergeben nur innerhalb der Grenzen des Tanzes Sinn. Keiner der beiden kann sie alleine vollziehen. Die Bewegungen beider Partner sind erforderlich, um den Tanz zustande zu bringen. Für einen erfolgreichen Tanz ist es außerdem notwendig, dass beide Partner jede ihrer Bewegungen miteinander koordinieren. Es gibt keine puren Solo-Bewegungen. Ferner sind bei diesen Tänzen bestimmte Bewegungen zu ganz bestimmten Zeiten erforderlich – ein Partner signalisiert dem anderen beispielsweise, sich für eine Swing-Drehung vorzubereiten.

Auf die gleiche Art und Weise ist auch unser Denken und Handeln nur innerhalb bestimmter Beziehungen sinnvoll: Bestimmte Darbietungen werden zu ganz bestimmten Zeiten innerhalb von Beziehungen erwartet und nicht zu anderen. Um Sinn zu ergeben, erfordern sie zudem die Zusammenarbeit aller Beteiligten. Wenn ein Freund Ihnen ein Kompliment macht, kann man folglich sagen, dass diese Handlung für Sie die Bühne bestimmt, auf der Sie Freude (oder Verlegenheit) ausdrücken können. Und wenn Sie so etwas sagen wie „Oh, das macht mich sehr glücklich", dann bestimmen Sie den Schauplatz für eine bestätigende Entgegnung wie zum Beispiel „Du verdienst es wirklich". Jede Handlung läutet die nächste ein. Jede Handlung braucht den Anderen für ihre Legitimierung. Etwas weiter gefasst kann man sagen: Unsere Äußerungen und Auftritte sind nicht unsere privaten Besitztümer, sondern Komponenten von Beziehungen.

Schmerz als relationales Ereignis

Viele Menschen denken üblicherweise, Schmerz sei Schmerz, ohne Bezug auf die Art und Weise, wie wir darüber sprechen. Dass Schmerz jedoch gar kein so persönliches Ereignis ist, mag eine der aufregendsten Implikationen eines Denkens in Beziehungen sein. Die Art und Weise, wie wir Schmerz erleben, ist von der Beziehungsgeschichte und dem Beziehungskontext abhängig. Stellen Sie sich einen Fußballspieler vor, der verletzt und blutig aus dem Spiel herauskommt und proklamiert: „Ich hatte eine großartige Zeit!". Ein anderes Beispiel wäre der sexuelle Masochist, der die Domina bezahlt, damit sie ihn mit einer Peitsche schlägt; oder die christlichen Büßer im Mittelalter, die sich selbst schlugen, um sich dem Schmerz Christi am Kreuz anzunähern. Keine Frage, es gibt spezielle physische Empfindungen, doch ob wir sie als „entsetzlichen Schmerz" spüren oder „als Erfahrung, die wir willkommen heißen", ist abhängig von der Beziehungskultur.

Enorme Geldsummen werden jährlich zum Umgang mit Schmerz ausgegeben. Bei den meisten dieser Anstrengungen wird Folgendes vorausgesetzt: Schmerz ist Schmerz und Linderung muss in erster Linie durch Veränderung der Gehirnchemie erreicht werden. Aus konstruktionistischer Perspektive ist jedoch folgende Frage wichtig: Können wir Schmerz rekonstruieren und Schmerzerfahrung in neue, hoffnungsvollere Beziehungsformen einbetten? In seinem wegweisenden Buch *The Wounded Storyteller* (Der verwundete Geschichtenerzähler) macht Arthur Frank den Vorschlag, unsere Schmerzerfahrungen als wesentlich abhängig von den Geschichten zu sehen, durch die die wir sie erfassen. Eine Art, über Schmerz zu sprechen, könnte zum Beispiel so lauten: „Früher hatte ich keine Schmerzen; jetzt habe ich schreckliche Schmerzen, aber bald werden sie vergehen." Diesen Erzähltypus nennt Frank *„restitution narrative"*. Der Schmerz gibt hier letzten Endes einen Weg zu einem Zustand des Wohlbefindens frei. Schmerz wird in diesem Ezähltypus als unerwünschter Reiz konstruiert, jemand fühlt sich so lange miserabel, bis der normale Zustand wieder hergestellt ist. Auch die Geschichte der Menstruationskrämpfe kann dieser Kategorie zugerechnet werden. Vielversprechender ist vielleicht ein anderer Erzähltypus, den Frank *„quest narrative"* nennt. Hier sieht man sich auf einer Mission zur Erlangung eines größeren Verständnisses oder vielleicht zur Erlangung spiritueller Erleuchtung. Leiden schafft die Möglichkeit, Zeugnis abzulegen und anderen aus einer Haltung der Weisheit heraus Auskunft zu geben. Schmerz erlangt nun eine positive Bedeutung. Die Geburtswehen sind vielleicht ein gutes Beispiel dafür. Schmerz, Weisheit und Freude sind hier untrennbar miteinander vereint.

Wenn wir dieses Denken in Beziehungen annehmen, können wir alles, was wir als persönliches, privates und in unserem Kopf befindliches Ereignis bezeichnet haben – Gedanken, Emotionen, Pläne, Sehnsüchte u. a. – als grundlegend relational rekonstruieren. Traurigkeit zu fühlen oder Freude, Ekstase oder Agonie, Liebe oder Hass, Sehnsucht oder Abscheu heißt dann, an einer Beziehungstradition teilzuhaben. Wir besitzen die Zustände nicht in uns selbst, sie sind nicht in unseren Gehirnstrukturen eingesperrt. Stattdessen vollbringen wir sie aktiv. Sie bewegen uns nicht zum Handeln und unsere Handlungen kurbeln ihre Existenz auch nicht an. Die Zustände und die Handlungen sind ein und dasselbe.

Ihre skeptische Stimme mag entgegnen: „Aber ich habe private, persönliche Erfahrungen! Wenn ich völlig alleine bin, denke ich und habe Gefühle!“ Lassen Sie uns darüber nachdenken: In Begriffen von Körpern gesprochen sind wir von anderen getrennt. Aber die Handlungen, mit denen wir konfrontiert sind, sind eng mit unserer Beschäftigung in Beziehungen verbunden. Unsere Handlungen des „sich traurig Fühlens“ oder des „Nachdenkens über ein Problem“ sind im Wesentlichen von den üblichen Beziehungsmodalitäten abgeschnittene Teil-Auftritte. „Für sich selbst nachzudenken“ ist in diesem Sinne wie die Durchführung einer öffentlichen Konversation, was dabei fehlt, ist lediglich die vollständige Vorführung des Sprechens mit anderen Personen. Sich in der Privatheit des eigenen Raumes traurig zu fühlen, unterscheidet sich nicht essenziell von dem Ausdruck von Traurigkeit in der Öffentlichkeit. Allerdings tun wir es alleine möglicherweise nicht „voll und ganz“ mit allen dazugehörigen Gesichtsausdrücken und körperlichen Haltungen. Alleine irgendwo zu sitzen und sich traurig zu fühlen heißt, an einem kulturellen Tanz teilzuhaben, jedoch ohne dass Andere anwesend wären. Ohne eine Geschichte von Beziehungen ist wenig vorhanden, was „private Welt“ genannt werden könnte.

Zusammenfassung

Dieses Kapitel erweitert unsere Sicht auf Beziehungsprozesse und unser Verständnis dafür. Alles, was wir als real, rational, wahr und wertvoll erachten, geht aus Beziehungen hervor. Die Implikationen der Schwerpunktverlagerung auf Beziehungen sind substanziell. Es ist nicht nur so, dass wir die tief verwurzelte Tradition des Individualismus aus dem Gleichgewicht bringen, wir sind auch eingeladen, viele unserer Einstellungen und Haltungen zu überdenken, von unseren intimen Beziehungsritualen bis hin zu unseren Erziehungspraktiken und den Vorgehensweisen im politischen und juristischen Bereich. Die relationale Perspektive entfacht eine starke Wertschätzung unseres Lebens *mit* anderen – statt getrennt von ihnen oder gegen sie. Wir fangen an, uns auf den Prozess koordinierten Handelns zu konzentrieren und auf die fruchtbare Kraft von Beziehungen. Durch Auftritte – sowohl anderen als auch uns selbst gegenüber – kreieren wir unsere rationalen und emotionalen Wirklichkeiten. Was vorher „mentaler Prozess“ genannt wurde, wird als „relationaler Prozess“ neu geschaffen. Es ist das „relationale Selbst“, das durch Beziehungen mit anderen entsteht. In den nächsten beiden Kapiteln erkunden wir Handlungsweisen in Organisationen, Schulen, Therapie und Forschung, in denen relationale Konzeptionen in die Praxis umgesetzt werden.

3 Soziale Konstruktion und professionelle Praxis

Attraktive Ideen zu verbreiten ist eine Sache; die wichtige Frage aber ist, ob es eine fruchtbare Beziehung zwischen unseren Worten und unseren Lebenswegen gibt. Wir, die Autorin und der Autor, haben die meiste Zeit unserer Karriere als Akademikerin und Akademiker verbracht. Wir können bezeugen, dass im Laufe der Jahre viele interessante Ideen aufgetaucht und wieder versunken sind. Einer der Gründe, warum wir uns besonders zu konstruktionistischem Gedankengut hingezogen gefühlt haben, ist folgender: Dieses Denken macht wichtige Unterschiede in unserem Leben. Als uns der Konstruktionscharakter bewusst wurde, fiel es uns schwer, ruhig sitzen zu bleiben. Wenn einem zum Beispiel klar wird, dass alles, was für wahr, rational und gut gehalten wird, nur aufgrund von Konventionen wahr, rational und gut ist, dann beginnt man, wichtige und aufregende Fragen zu stellen. Warum müssen wir das, was uns Traditionen auftischen, akzeptieren? Was fehlt uns? Können wir rekonstruieren? Wäre das besser? Diese Fragen sind provokativ – die Rückwirkungen endlos.

In diesem Kapitel diskutieren wir die Konsequenzen konstruktionistischer Ideen auf professionelles Handeln. Wir illustrieren Entwicklungen in den Berufsfeldern Therapie, Organisationsentwicklung, Lehre und Konfliktlösung – es sind ausnahmslos Professionen, die ausdrücklich an sozialen Veränderungen interessiert sind. In jedem dieser Bereiche haben konstruktionistische Ideen neuen und hochinteressanten Handlungswegen die Bahn geebnet.

Soziale Konstruktion und Veränderungen im therapeutischen Bereich

Eine Profession, die sich der Linderung individuellen Leidens verschrieben hat, ist keine einfache Angelegenheit. Darum ist auch die Suche nach „der besten Therapieform" unaufhörlich im Gange. Ein Vorteil konstruktionistischen Denkens ist der Verzicht auf die Suche nach der perfekten Lösung und die Anerkennung, dass es „für verschiedene Menschen verschiedene Streicheleinheiten" gibt. Therapeutische Praxis sollte – sowohl bezogen auf Klientinnen und Klienten als auch bezogen auf Therapeutinnen und Therapeuten – sensibel sein für persönliche Stile und Vorlieben und für unterschiedliche Traditionen und Werte, letztendlich für die multiplen Konstruktionen des Wirklichen und Guten. Therapeutische Traditionen selbst sind Bereiche kulturellen Sinngehalts. Wieso sollte ein einziges Sinnsystem für alle Menschen nützlich sein? Nichtsdestoweniger gibt es drei Therapieformen, die mit der konstruktionistischen Sensibilität für multiple Wirklichkeiten besonders geistesverwandt sind. Jede von ihnen bietet wichtige Ressourcen für Veränderung.

Narrative Therapie: Das Leben neu erzählen

Wir begreifen unser Leben weitgehend als eine Ansammlung von Geschichten, in denen wir die Hauptcharaktere sind – Geschichten über das Aufwachsen, das Sich-Verlieben, das Finden eines Karriereweges und so weiter. Es sind Erzählungen über unsere guten und weniger guten Taten, Erfolge und Niederlagen. Wer wären wir, wenn wir diese Geschichten nicht hätten? Wenn ein Individuum aufgrund eines Lebensproblems leidet, ist dieses Problem folglich nur aus dem Inneren einer bestimmten Geschichte wahrnehmbar. Zum Beispiel leiden wir häufig dann, wenn wir mit einem Verlust konfrontiert sind, aber auch, wenn wir zurückgewiesen werden oder das Gefühl haben, dass uns das Gespür für die Richtung, die wir einschlagen sollen, abhanden gekommen ist. Doch Verlust, Zurückweisung und Ruderlosigkeit sind nicht „Probleme dort draußen in der Natur". Sie finden immer innerhalb der Handlung einer Geschichte statt. Etwas zu „verlieren" (eine Arbeit, einen nahen Freund, die Liebe von Anderen) bedeutet, eine Geschichte über sich selbst mit sich zu tragen, in der man der Hauptcharakter ist, eingeschifft auf einem Kurs des Wachstums, des Fortschritts oder der Erfüllung (Endpunkte einer guten Geschichte) – und dass man auf diesem Weg einen Rückschlag erlitten hat.

In der Narrativen Therapie werden diese Ideen sehr geachtet und man geht davon aus, dass „Probleme" durch „Neu-Erzählung" des eigenen Lebens verändert werden können. Es ist möglich, neue Geschichten zu konstruieren, und Neukonstruktionen können neue Handlungswege eröffnen. Manche Menschen tragen zum Beispiel eine Geschichte mit sich herum, in der sie die Rolle des Zerstörten spielen, die Rolle des Opfers elterlicher Beschimpfungen und Beleidigungen. Damit geht das Gefühl einher, nicht fähig zu sein, im Leben voranzukommen. Betrachteten diese Menschen ihre Vergangenheit jedoch mit einem Fokus darauf, wie sie es geschafft haben, trotz all der Beschimpfungen und Beleidigungen beharrlich zu überleben, dann entstünden sie neu – in der Rolle der Heldin oder des Helden. Und vielleicht könnten sie dann auch damit beginnen, neue und optimistischere Handlungsoptionen zu sehen.

Die Familientherapeuten Michael White und David Epston befassen sich in ihrer Arbeit besonders mit den politischen Potenzialen des Neu-Erzählens. Die meisten Menschen sehen ihre Probleme als etwas an, das sich „in ihnen" befindet, sie fühlen sich persönlich dysfunktional. White und Epston betonen, dass diese Art der Beschreibung die Möglichkeit vernebelt, die eigenen Probleme als etwas zu sehen, das sich aus sozio-politischen Bedingungen ergibt. Das, was als persönliche Dysfunktion betrachtet wird, kann auch anders beschrieben werden. Depression beispielsweise kann mit anstrengenden ökonomischen oder politischen Bedingungen in Verbindung gebracht werden. Wenn jemand versteht, „dass nicht er es ist, der nicht funktioniert, sondern das System", dann ist die Ebene der Selbstzweifel abgetragen und neue Handlungswege werden möglich. So hilft White zum Beispiel den Aborigines in Australien dabei, persönliches Leid als Resultat sozialer Unterdrückung durch machtausübende Weiße zu sehen. Durch das Aufzeigen der Voreingenommenheiten der Herrschenden wird der Kampf gegen äußere Autoritäten gestärkt. Durch die Konstruktion von Erzählungen, in denen Prozesse der Machtausübung betont werden, kann individuelles Leid oft reduziert und politisches Handeln angeregt werden.

Kurzzeit- und lösungsorientierte Therapien: Wort-Zauber
Probleme sind typischerweise der Beweggrund, wenn Menschen eine Therapie anfangen. Gespräche über Probleme sind anerkennenswert, enthalten jedoch auch Schwächen. Aus konstruktionistischer Perspektive wird ein Problem gerade dann zunehmend real und furchterregend, wenn ernst darüber geredet wird. Wenn wir lange genug darüber sprechen, könnte es sogar sein, dass wir uns den Schwierigkeiten hilflos ausgeliefert fühlen. Kurzzeit- und lösungsorientierte Therapeutinnen und Therapeuten, die sich an konstruktionistischen Ideen orientieren, suchen nach Alternativen zum „Problem-Gespräch". Statt den Fokus auf die Schwierigkeiten der Klienten zu legen, laden sie zum Sprechen über Stärken, Ressourcen und relationale Möglichkeiten ein. Beachten Sie zum Beispiel die sogenannte *Wunder-Frage*, die folgendermaßen lautet: „Was wäre, wenn Sie morgen aufwachten und das Problem wäre nicht

mehr vorhanden?“ Diese Frage hilft den Klienten, sich in die Richtung zu bewegen, in die ihre Fantasie sie leitet – der Blick auf eine positive Zukunft statt auf die „schlechte, alte Vergangenheit“ wird zur Basis für aktive Veränderung.

Kurzzeit-Therapie ist auch als Kontrast zu Langzeittherapie wie z. B. Psychoanalyse interessant. Aus konstruktionistischer Sicht erfordern Therapien wie Psychoanalyse darum mehrere Jahre der Exploration, weil sie Menschen als Wesen konstruieren, die „tief liegende Probleme“ besitzen. Wird ein Problem als etwas definiert, das in unbewussten Erinnerungen aus frühster Kindheit lauert, dann erscheint eine hohe Anzahl von Therapiestunden angemessen und vernünftig. Doch Menschen können auch auf andere Weise beschrieben werden. Wir können zum Beispiel davon ausgehen, dass wir primär im Hier und Jetzt leben und dass unser Wohlbefinden wesentlich mit unseren gegenwärtigen Beziehungen verknüpft ist. Wenn wir Letzteres annehmen, kann Therapie weit kürzer sein (und weniger kosten). Das Ziel der Therapie wird – je nach Schule – ebenfalls unterschiedlich gefasst. Statt die problembelastete Vergangenheit zu erforschen, befassen sich lösungsorientierte- und Kurzzeit-Therapien stärker mit der Frage nach der erfolgreichen Gestaltung gegenwärtiger Beziehungen. Durch Rekonstruktionen von der Vergangenheit hin zur Zukunft und von Problemen hin zu Potenzialen können Veränderungen schneller antizipiert werden.

Postmoderne Therapie und die Position des „Nicht-Wissens“

Traditionelle Therapieschulen basieren auf Expertenwissen. Das heißt, Therapeutinnen und Therapeuten lernen die Ursachenerkennung von Problemen (“Krankheiten“) und die Anwendung entsprechender Heilmethoden. Was als „bekannt“ gilt, variiert von Therapieschule zu Therapieschule. Die verschiedenen Schulen machen unterschiedliche Annahmen bezüglich der Problemursachen ihrer Klienten: Einige behaupten, der Knackpunkt seien unterdrückte sexuelle Wünsche, andere bringen Probleme mit dem Fehlen elterlicher Liebe in Verbindung, wieder andere gehen davon aus, die Schwierigkeiten ihrer Klienten seien Unterlegenheitsgefühlen zuzuschreiben etc. Beachten Sie bitte Folgendes: Ein Therapeut, der sich einer dieser Ursachenzuschreibungen und Erklärungen verpflichtet fühlt, weiß, noch bevor der Klient zur Türe hereingekommen ist, über dessen Probleme Bescheid. Therapie aus einer „Position des Wissens" heraus zollt dem „Wissen" des Klienten keine Anerkennung.

Harry Goolishian und Harlene Anderson vom Houston-Galveston Institut für Familientherapie haben als Alternative die Haltung des „Nicht-Wissens" vorgeschlagen. In diesem Fall lassen sich die Therapeuten und Therapeutinnen von einer intensiven Neugier bezüglich dessen leiten, was die Familienmitglieder mitzuteilen haben und wie sie ihre Welt konstruieren. Das heißt nicht, dass „nicht-wissende" Therapeutinnen und Therapeuten ihr gesamtes bisheriges Wissen aufgeben. Vielmehr sehen sie vergangene Erfahrungen als Angebot möglicher Ressourcen zur Bereicherung der therapeutischen Konversation. Am Wichtigsten ist die Entwicklung einer Sensibilität für mögliche neue Bedeutungen, die aus den unterschiedlichen Verstehensweisen heraus geformt werden können, die die Klientinnen und Klienten mitbringen. Veränderung erwächst aus den Wirklichkeiten der Klientel.

Stellen Sie sich nun zur Verdeutlichung eine Familie vor, in der der Vater als Tyrann gilt. Ein „wissender" Therapeut mag schnell schlussfolgern, der Vater agiere eine Persönlichkeitsstörung aus, die rebellischen Widerstand unter den Familienmitgliedern bewirkt. Obwohl dies vernünftig erscheinen mag, würde ein „nicht-wissender" Therapeut dies lediglich als eine mögliche Interpretation sehen. Durch neugieriges Auskundschaften der Welt, in der dieser angebliche Tyrann lebt, könnten noch andere Möglichkeiten ans Licht kommen. Vielleicht stellt sich im Laufe der Gespräche heraus, dass der Vater sich für sein schlechtes Temperament schämt und sich wünscht zu lernen, seinen Kindern gegenüber offener seine liebevollen Gefühle zeigen zu können. Solche Bewegungen im Konversationsverlauf können die Therapie in neue Richtungen lenken. Während der Vater neue Ausdrucksmöglichkeiten findet, gelingt es den übrigen Familienmitgliedern vielleicht ebenfalls, anders mit ihm in Beziehung zu treten, statt wie gewohnt nach den Ursachen der Gemeinheiten des Vaters zu suchen.

Lassen Sie uns nun vom therapeutischen Handeln zu einem zweiten Ort konstruktionistischer Praxis wechseln, der Organisation.

Soziale Konstruktion und die Wirkungskraft in Organisationen

Der Erfolg jeder Organisation ist in höchstem Maße von dem Vermögen ihrer Mitarbeiterinnen und Mitarbeiter abhängig, Bedeutung wirkungsvoll auszuhandeln. Teams hören auf, gute Resultate zu erbringen, wenn ihre Mitglieder miteinander im Konflikt sind. Führungskräfte hören auf zu führen, wenn ihren Worten kein Verständnis entgegengebracht wird und keine Wertschätzung. Es sollte dann auch nicht überraschen, dass sozialkonstruktionistische Ideen die Arbeit in Organisationen stark beeinflusst haben.

Konstruktionistische Forscherinnen und Forscher haben schon oft die Ähnlichkeiten zwischen Organisationen und kleineren Kulturen hervorgehoben und sich diejenigen Prozesse angeschaut, durch die Kulturen – durch gemeinsam geteilte

Annahmen über das Wirkliche und Gute – zusammengehalten werden. Die Geschichten einer Kultur sind für deren Zusammenhalt von größter Wichtigkeit. Besonders entscheidend sind solche Erzählungen, durch die eine kollektive Bedeutung von Geschichte und Schicksal erzeugt wird. Die meisten Leserinnen und Leser werden die Macht von Familiengeschichten zur Herstellung eines Zusammengehörigkeitsgefühls anerkennen, also zur Schaffung von etwas wie „unsere Familie". Das sind beispielsweise Geschichten über die Antiquitäten des Großvaters, die sonderbaren Geburtstagskekse der Mutter, die Missetaten des Hundes und so weiter. In dieser Hinsicht ähneln Organisationen Familien stark. So können zum Beispiel Geschichten über frühere couragierte Taten, Einfallsreichtum oder harte Arbeit, eine gute Zusammenarbeit innerhalb der Organisation und große Leistungen bewirken. Lassen Sie uns zwei neuere Beiträge konstruktionistischer Ideen betrachten, die für die Praxis in Organisationen relevant sind.

Von individueller zu relationaler Leitung

Wenn Sie an einen hervorragenden Chef denken, ist es wahrscheinlich, dass Sie sich einen einzelnen Menschen vorstellen – typischerweise einen Mann –, der mit besonderen Fertigkeiten, Überredungskünsten oder Weisheit gesegnet ist. In der Tat bevorzugen viele traditionelle Studien zur Unternehmensführung die Vision vom Chef als „großem Mann". Aus dieser Perspektive üben Führungskräfte auf ihre Gefolgschaft einen großen Einfluss aus: Effektivität wird denjenigen Chefs zugesprochen, die so anregen und lenken können, dass die Organisation von Erfolg gekrönt wird.

Aus konstruktionistischer Sicht birgt diese Sichtweise jedoch große Schwächen, da die relationale Herstellung von Sinn nicht berücksichtigt wird. Niemand kann als Chef funktionieren, ohne mit Anderen in einem Prozess der Bedeutungserzeugung verbunden zu sein. So brach zum Beispiel die Regierung der ehemaligen UdSSR konfliktlos zusammen, obwohl sie alle bedeutenden Institutionen im Lande kontrollierte. Die Menschen weigerten sich, die Autorität ihrer Regierung zu akzeptieren. Sie handelten eine andere Konstruktion bezüglich der Bestimmungen ihres Landes aus. Sensibilisiert für die Ko-Konstruktion von Bedeutung und darauf brennend, die Lebensqualität in Organisationen zu verbessern, fühlen sich Fachleute aus Theorie und Praxis nun zu neuen Visionen von Unternehmensleitung hingezogen und entwickeln Konzepte, in denen Leitungshandeln als relationaler Prozess gesehen wird.

Einer der einflussreichsten Ansätze relationaler Leitung findet sich in Wilfred Draths Buch *The Deep Blue Sea: Rethinking the Source of Leadership*. Relationale Leitung wird dann hervorgebracht, wenn Führungsrollen und Führungshandeln im Dialog erzeugt werden. In Draths Worten wird Leitung nicht als etwas verstanden, was sich im Besitz der Führungskraft befindet, sondern als ein Aspekt der Gemeinschaft" (2001, p. xvi). Visionen und Ziele werden nicht so sehr von dem einzelnen Individuum aufgestellt, sondern durch Dialoge aller Beteiligten geformt.

Es ist in diesem Zusammenhang sinnvoll, an die Funktionsweise eines Freundeskreises zu denken. Wenn es um die Entscheidung darüber geht, was die Gruppe machen wird, sprechen meistens alle Beteiligten mit. Ein Mitglied der Gruppe kann zwar von Zeit zu Zeit in die Position „des Chefs" platziert werden und unterschiedliche Freunde werden unterschiedliche Sachkenntnis oder Ressourcen haben. Für das Weiterbestehen der Freundschaft ist jedoch fortwährendes Verhandeln essenziell. Die Konsequenzen einer relationalen Sicht von Leitungshandeln haben bahnbrechende Implikationen. Wenn das Modell des Chefs als unerschütterlichem und durch nichts von seinem Ziel abzubringendem Visionär aufgegeben wird, dann werden alle Beteiligten stärker in die gesamten Prozesse involviert sein. Sie sind dann nicht einfach nur Befehlsempfangende und sie werden wahrscheinlich auch nicht mehr leidenschaftslos durch den Tag gehen. Stattdessen steigt ihr Engagement, da sie sich persönlich in die Unternehmenspraxis und -politik einbringen. Auch Lob und Tadel werden dann im Unternehmen gleichmäßiger verteilt sein. Die Gehälter von Generaldirektoren sind heute durchschnittlich über 500mal höher als ein durchschnittliches Arbeitergehalt. Dies ist das Resultat eines Führungsmodells, das „individuelle Helden" propagiert. Würden Generaldirektoren als Teil eines komplexen Beziehungsprozesses gesehen, dann wären die Gehälter wahrscheinlich ausgeglichener verteilt und die Direktoren seltener Zielscheibe von Beschimpfungen. Auch die Organisationsethik würde sich verbessern. Wenn Entscheidungen immer nur von wenigen Menschen hinter verschlossenen Türen getroffen werden, ist rechtswidriges Handeln oft die Folge. Durch umfassende Dialoge können übliche Konventionen von Rechtschaffenheit eher die Oberhand gewinnen.

Relationale Führung am Werk

Barbara Waugh gilt als visionäre Führungskraft im heutigen Computergeschäft. Sie war über 17 Jahre lang Managerin im Bereich des Personalmarketing bei Hewlett-Packard (HP) und leitet zurzeit eine Initiative zur Einrichtung von Internetzugängen in sogenannten unterentwickelten Ländern. Sie ist eine Führungspersönlichkeit mit starker relationaler Orientierung. Wir zitieren hier aus ihrem Buch *The Soul in the Computer*:

Ohne meine persönlichen und professionellen Beziehungen innerhalb und außerhalb der Firma hätte ich na-

hezu keines der Dinge in meinem Leben erreicht, die ich erreichen wollte … HP selbst ist ein gutes Beispiel für die Macht von Beziehungen. Das Unternehmen wurde aus einer Beziehung zwischen zwei Menschen heraus gegründet, die von Liebe und Respekt geprägt war. Es ist nicht die Hewlett Company oder die Packard Company, sondern die Hewlett-Packard Company. Die Reihenfolge der Namensabfolge wurde nicht durch Kategorien von höher oder niedriger, größer oder kleiner entschieden, sondern durch Münzwurf. Und die Firma wuchs durch hunderte signifikanter Beziehungen. Das waren nicht nur Beziehungen unter Gleichgestellten, sondern auch Beziehungen quer über alle Hierarchieebenen hinweg …

Wir können keine guten Beziehungen herstellen oder erhalten, wenn wir nicht zuhören. Und zwar vollkommen zuhören, ohne bereits die nächste Bemerkung vorzubereiten, während der andere spricht und ohne daran zu denken, dass wir ja eigentlich schnell nach Hause wollten. Und auch ohne uns zu fragen, ob unser Kind seine Mathearbeit gut überstanden hat. Wir müssen die ständige „Beurteilungs-Maschine" abschalten, die uns dazu drängt, zu entscheiden, wer schlauer ist, wer richtiger liegt oder wer wahrscheinlich den größten Erfolg haben wird. Wir müssen uns in die Augen des Gegenübers vertiefen. Wenn wir dies tun, passieren zauberhafte Dinge – Dinge, die großartiger sind als alles, was wir uns jemals hatten vorstellen können (S. 200–201).

Wertschätzendes Erkunden (Appreciative Inquiry): Inspirierender Wandel in Organisationen

Die Unternehmenswelt strotzt vor „Problemgesprächen". Man hört „Wir haben ein Problem mit dem Marketing", „Unser Geschäftsführer hat keine Einbildungskraft", „Die Arbeiter sind unzufrieden" und so weiter. Man stellt sich vor, das Unternehmen würde perfekt funktionieren, wenn alle Probleme gelöst wären. Aber würde es das? Wenn wir die individuellen Probleme fokussieren, verlieren wir oft die Sicht auf das Ganze; unsere Augen sind dann nicht länger auf unsere Zukunftsvisionen gerichtet. Wir fangen an, beim Gegenüber Fehler zu finden. Wir werden misstrauisch und fühlen uns angegriffen. Der Unternehmenstraum wird immer weiter aufgeschoben, während die Probleme, die gelöst werden müssen, nie enden.

Aus konstruktionistischer Perspektive sind Problemgespräche lediglich *eine Option*. Probleme sind nur dann da, wenn wir die Welt auf diese Weise konstruieren. Und weil Problemgespräche uns oft von unseren Zielen wegleiten, können wir fragen, ob es andere und effektivere Gesprächsformen gibt. Auf diese Frage antwortete eine Gruppe von Unternehmensberatern mit einem herzlichen „Ja". *Wertschätzendes Erkunden oder Appreciative Inquiry (AI)* ist das kraftvoll wirksame Vermögen, Gruppen und Organisationen zu mobilisieren, und es stellt eine Alternative zu problemfokussierenden Ansätzen der Unternehmensberatung dar. Beim Wertschätzenden Erkunden wird eine Wirklichkeit geschaffen, in der das Glas halb voll ist und nicht halb leer. David Cooperrider ist einer der Erfinder dieses Ansatzes und er schreibt: „Das einzige überaus produktive Ding, das eine Gruppe tun kann, wenn sie sich bewusst zum Ziel setzt, eine bessere Zukunft zu konstruieren, ist, das »positive Herzstück« jedes Systems zu entdecken, dies dann zu verbreiten und es zum expliziten Besitz aller zu machen."

So legt Cooperrider den Blick auf die zentralsten Stärken und Ressourcen einer Organisation statt auf die Problembereiche.

Für die Effekte dieser Prozesse der Auskundschaftung des positiven Herzstücks menschlicher Systeme gilt: Je höher die Beteiligung aller Systemmitglieder, umso besser, tiefer und länger anhaltend die Veränderungsprozesse. Beim Wertschätzenden Erkunden geraten die Beziehungswirklichkeiten der Gruppe ins Blickfeld. Durch Dialog und Konversation werden neue Beziehungen geformt, und durch die Beziehungen beginnt sich die Zukunft der Organisation herauszubilden. In einer typischen AI-Sitzung werden die Mitglieder der Organisation in Zweiergruppen geteilt und gebeten, ihre persönlichen Erfahrungen rund um den positiven Kern der Organisation auszutauschen. So werden diejenigen Momente im Leben der Organisation vergegenwärtigt, in denen alles bestens lief. Typischerweise handelt es sich dabei um energiespendende Erlebnisse, Momente der Erfüllung und Freude. Solche Geschichten handeln beispielsweise von erfolgreichen Arbeiten der Einzelnen oder von Projekten, an denen mit höchstem Enthusiasmus mitgewirkt wurde. Die Erfolgserlebnisse werden dann in größeren Gruppen untereinander ausgetauscht, letztendlich mit dem Ziel, daraus diejenigen Elemente des Unternehmens zu extrahieren, die für Lebendigkeit und Kraft sorgen.

Der Austausch erfolgreicher Geschichten bildet dann die Grundlage für Gespräche über die Zukunft der Organisation und über Möglichkeiten maximaler Anzapfung dieser Reservoirs von Vitalität. Ausgestattet mit einer neuen, überzeugenden Vision setzen daraufhin alle gemeinsam Pläne zur Bewirkung der erwünschten Veränderungen in Bewegung. Typischerweise entzündet der gesamte kollaborative Prozess Enthusiasmus, guten Willen und die Entschlossenheit, große Taten zu vollbringen. Wesentlich dabei ist, dass beim Wertschätzenden Erkunden die Wurzeln für Zukunftsveränderungen im Boden der

Vergangenheit liegen. Die Teilnehmer tauschen sich nicht über Luftschlösser und Wunschträume aus, sondern verwenden das Beste aus ihren früheren Erfolgen, um realistische und idealistische Zukunftsmöglichkeiten zu entwickeln. Während des gesamten Prozesses nähren sich die Bemühungen um Veränderung aus zwei Quellen: Beziehungsaspekt und Zusammenarbeit. Durch Dialog und Erfahrungsaustausch werden innerhalb des Unternehmenssystems neue Wirklichkeiten geboren, die bleibende, positive Veränderung erzeugen. Die Grundprinzipien der Methodologie des Wertschätzenden Erkundens basieren auf der Theorie des Sozialen Konstruktionismus.

Zwar werden viele AI-Projekte im Unternehmenssektor durchgeführt, doch Wertschätzendes Erkunden wird auch in anderen Bereichen angewendet: in Schulen, Kirchen, gemeinnützigen Organisationen, Kommunen und auch im Privatleben. So geben Jane Watkins und Ralph Kelly zum Beispiel Workshops für Paare, mit dem Ziel ihnen zu helfen, die Liebesglut neu zu entfachen, die sie einmal zur Heirat veranlasst hatte. Durch Explorationen des Positiven tragen diese Seminare zur Förderung eines liebevollen Miteinanders bei. Andere AI-Praktiker bieten Workshops an, die Menschen darin unterstützen, Führungshandeln und persönliche Lebensstile zu entwickeln, die auf wertschätzenden Prinzipien beruhen. Im Literaturverzeichnis am Ende des Buches finden Sie weiteren Lesestoff zum Thema.

Nun wenden wir uns einem dritten Kontext konstruktionistischen Handelns zu, der Erziehung.

Konstruktionismus und der Unterrichtsraum

Als Psychologieprofessor und Psychologieprofessorin stellen wir fest, dass konstruktionistische Ideen starke Auswirkungen auf unsere Lehrpraxis haben. So versuchen wir, wann immer es möglich ist, Vorlesungen durch Dialoge zu ersetzen. Warum? Die traditionelle Konzeption des Lehrens hat unter dem individualistischen Ansatz dahingehend gelitten, dass die relationale Bedeutung der Sinnstiftung nicht ausreichend anerkannt wird. Wir empfinden es nicht länger als unsere Pflicht, „die Köpfe unserer Studentinnen und Studenten mit Wissen zu füllen". Stattdessen bringen wir das in den Unterrichtsraum, was wir als Ressource zur Befähigung der Studierenden sehen, sich in neuen Dialogen zu engagieren. Und wir gehen davon aus, dass unsere Studierenden nützliche Annahmen bezüglich des Realen, Rationalen und Guten mitbringen. Durch Dialoge werden sie in die Lage versetzt, ihre Fähigkeiten zu nutzen und sinnvolle Konversationen zu führen. Im Dialog müssen sie außerdem auch Rücksicht für das entwickeln, was andere (einschließlich der Lehrenden) zu sagen haben. Unserer Ansicht nach führt eine respektvolle und akzeptierende Atmosphäre im Seminarraum zu Motivation und Engagement. Durch eine dialogische Praxis werden unsere Studierenden auch eher dazu bereit sein, das in ihre persönliche Perspektive mit einzubeziehen, was wir aus unseren Wissenstraditionen heraus anbieten. Und auch wir, die Lehrenden, lernen von ihnen. Lehren und Lernen konvergieren.

Wir sind nicht alleine mit unseren Versuchen, konstruktionistische Ideen im Unterrichtsraum anzuwenden. Lassen Sie uns zwei aktive Bewegungen untersuchen, die vom Konstruktionismus befürwortet werden.

Kritische Pädagogik und darüber hinaus

Auch wenn Politiker und Schulbeamte oft deklarieren, „gute Erziehung" sei frei von politischen oder ideologischen Voreingenommenheiten, verstehen Konstruktionistinnen und Konstruktionisten Erziehung als inhärent politisch. Nehmen wir beispielsweise die schlichte Forderung, jeder müsse die englische Sprache beherrschen. Diese Auflage enthält den Zwang, dass alle in einer Sprache sprechen müssen, die viele als Sprache der Privilegierten bezeichnen würden. Ein weiteres Beispiel ist die Verdrängung der Religion aus der Schule – damit wird verkündet, die Gesellschaft sei grundsätzlich säkular. Und subtiler: Die Bevorzugung experimenteller Methoden bei der Etablierung von Wissen über menschliches Verhalten heißt implizit, dass wir andere dann am besten verstehen können, wenn wir unpassioniert und manipulativ sind. Wir sagen nicht, die Verknüpfung von Erziehung und Wertevoreingenommenheiten sei gefährlich oder solle vermieden werden. Faktisch befürworten ja die meisten Lehrpläne Lebensformen, die von der Mehrheit der Menschen favorisiert werden (Doch dann, wenn sie den Lebensstil eines Menschen nicht unterstützen, sollten sie zumindest als Vorlieben und Vorurteile verstanden und benannt werden!). Wenn eine Lehrperson ihre Schüler dazu drängt, wählen zu gehen, gilt dieser Appell üblicherweise nicht als Vorurteil, doch wenn sie die Schüler dazu anspornt, die Demokraten zu wählen, dann haben wir es mit einer Vorliebe dieser Lehrperson zu tun. Aus konstruktionistischer Sicht legen wir Wert auf die Bewusstmachung der Vorlieben und Vorurteile. Es ist uns wichtig zu verstehen, wer dadurch privilegiert und wer unsichtbar gemacht wird. Wenn wir unsere Aufmerksamkeit darauf richten, wer in Klassendiskussionen spricht und wer schweigt, mögen wir einiges über stumme oder fehlende Stimmen lernen und darüber, wie wir die schweigenden Stimmen zum Sprechen ermutigen könnten.

Solche Belange wurden lange innerhalb der Kritischen Pädagogik reflektiert, einer Bewegung, die stark von Paolo Frieres Buch *Pedagogy of the Oppressed* (1972) beeinflusst wurde. Friere war vor allem besorgt ob des Agierens vieler Erziehungssysteme gegenüber sozial Schwachen, besonders, was die

Vorbereitung auf ein Leben in stiller Knechtschaft anbelangt. Auch viele andere Kritiker und Kritikerinnen haben seitdem vor allem rassistische Ressentiments und tradierte Geschlechterstereotype im Blick, die in Lehrplänen und Didaktiken enthalten sind. Während es unerlässlich ist, die unseren Wissenstraditionen impliziten Klassen-, Rassen- und Geschlechterrollen-Vorurteile aufzuwerfen, lädt der Konstruktionismus zu weiteren Schritten ein. Erstens ist es notwendig, ein kritisches Bewusstsein zu erwecken, sodass alle Menschen aller Traditionen das Gefälle und das Schweigen besser verstehen können, das in unseren Erziehungspraktiken vorhanden ist. Vorurteile sind kaum auf Klassen-, Rassen- und Gender-Aspekte begrenzt. Sie finden sich auch dort, wo es um Religion geht, um sexuelle Vorlieben, um Traditionen bezüglich bestimmter Fähigkeiten (zum Beispiel Schreiben, Musik, Sport) und vieles mehr. Es ist die größte erzieherische Herausforderung, mit den vielfältigen Wirklichkeiten zurechtzukommen.

Darüber hinaus laden uns Konstruktionistinnen und Konstruktionisten dazu ein, feindselige Kritik durch Dialog zu ersetzen. Es ist eine Sache, die Unterdrückung der eigenen Tradition festzustellen, aber eine andere, die Unterdrücker besiegen zu wollen. Auch die Unterdrücker erhalten ja eine bestimmte Wertetradition aufrecht, und wenn wir anfangen, alle Traditionen gegeneinander zu setzen, werden wir ein unangenehmes, brutales und kurzes Leben haben. Weil keine ultimativen Beurteilungskriterien bezüglich der verschiedenen Traditionen vorhanden sind, ist es wichtig, die Kunst zu erlernen, heterogene Sichtweisen gegenseitig zu explorieren. In diesem Kontext fordert uns der Konstruktionismus auf, die Grenzen der Kritik ins Auge zu fassen. Dadurch, dass wir unseren Blick auf Unzulänglichkeiten legen, verfestigen wir ihre Realität – wir sehen dann das Negative und wenig anderes. Dies ist ein guter Grund, Kritik durch Auskundschaftung des Positiven zu ersetzen. Wenn wir bereit sind, auch das Positive anderer Traditionen zu sehen, wird gegenseitiges Erkunden mit höchster Wahrscheinlichkeit neue Lebensformen hervorbringen.

Kollaboratives Lernen

Traditionelle Erziehung ist von der Orientierung her individualistisch. Der Geist des Einzelnen soll verbessert werden. Die Schüler und Schülerinnen werden auf der Basis ihrer „eigenen Arbeit" beurteilt, akademische Grade und Noten werden Einzelnen zugeteilt. Konstruktionistische Ideen stellen den Individualismus – sowohl als Sicht über den Menschen als auch als politische Ideologie – in Frage. Etwas weiter vorne haben wir erwähnt, dass das, was wir individuelle „Gedanken" nennen, ein Beiprodukt des eigenen Eintauchens in Beziehungen ist. Wie können wir zum Beispiel ohne eine Sprache der Gerechtigkeit oder ohne eine Sprache der Verantwortlichkeit über diese Dinge räsonieren? Wir haben auch gesehen, dass wir eine Kultur der Separierung und der Entfremdung schaffen, wenn wir das einzelne Individuum als das grundlegende Element der Gesellschaft sehen. Wenn andererseits alles, was wir für real, vernünftig und liebenswert halten, ein Beiprodukt von Beziehungen ist, dann macht es Sinn, den Beziehungsprozess ins Zentrum erzieherischen Handelns zu stellen.

In zunehmendem Maße bewegen sich Erzieherinnen und Erzieher in eine relationale Richtung. Ein wichtiges Ergebnis dieser Wende ist kollaboratives Lernen, das heißt, gemeinschaftliches Lernen mit anderen und durch andere. Die Handlungswege, die wir hier diskutiert haben, sind lediglich als Beispiele zu sehen und wir möchten noch einen weiteren Bereich erwähnen, nämlich das kollaborative Schreiben. Von der Grundschule bis zur Hochschule experimentieren Lehrerinnen und Lehrer mit der Umformung individueller Schreibaufgaben in gemeinschaftliches Schreiben. Beim kollaborativen Schreiben wird ein Schüler entweder mit einem anderen Schüler zusammengesetzt oder in eine kleine Gruppe platziert. Es wird miteinander an einem gemeinsamen Papier gearbeitet. Die Lehrenden haben festgestellt, dass diese Art zu arbeiten den Vorteil hat, dass der Prozess der Zusammenarbeit von den Stärken und Fähigkeiten aller Gruppenmitglieder profitiert. Einige Schüler und Schülerinnen haben beispielsweise ein gutes Abstraktionsvermögen, andere können wunderbare Geschichten hervorbringen, die der Veranschaulichung dienen können, wieder andere haben vielleicht skurrile Ideen oder ungewöhnliche Einsichten und andere schaffen es, die Gruppe mit Enthusiasmus zu begeistern und zu beflügeln. Jeder von ihnen leistet einen einzigartigen Beitrag zum Ganzen. Zusätzlich dazu, dass den Kindern erlaubt wird, aus einer Position der Stärke heraus etwas zum Ganzen beizutragen, lernen sie auch voneinander. Das konzeptionell-orientierte Kind lernt vielleicht von dem enthusiastischen und so weiter. Durch die vielen Stimmen, die in das Papier einfließen, gewinnen alle neue Einsichten. Außerdem werden sie besser darauf vorbereitet, im späteren Leben mit anderen zusammenzuarbeiten. Wir wenden uns nun einem letzten Bereich zu, in dem konstruktionistisches Handeln besonders wertvoll ist.

Konflikten konstruktiv gegenübertreten

Konflikte sind überall auf der Welt präsent. Viele davon sind furchterregend, manche verheerend. Warum sind Konflikte so vorherrschend und wie können wir Formen des Miteinander schaffen, durch die Leben erhalten wird und nicht zerstört? Dies sind sicherlich alte Fragen, und alt ist folglich auch die Geschichte der Versuche, Konflikte zu reduzieren. Der Konstruktionismus macht keine festen Versprechungen in Bezug auf Konfliktlösung, doch er bietet eine Sichtweise und eine Richtung für den Umgang mit Konflikten.

Konstruktionistinnen und Konstruktionisten lokalisieren die meisten zwischenmenschlichen Kontroversen in *Prozessen der Bedeutungserzeugung*. In dem Maße, in dem Menschen sich miteinander koordinieren, schaffen sie auch gemeinsame Sprachen über das Reale und Gute. Diese Sprachen werden von Menschen innerhalb ihrer Sitten und Traditionen gebildet und aufrechterhalten. Mit dieser Erschaffung eines „Wir" und eines Bereiches, der „unser Weg" genannt werden kann, wird gleichzeitig auch eine äußere Domäne erzeugt: „die Anderen" und „deren Weg". Typischerweise sehen Menschen einer bestimmten Tradition andere, also die Outsider, als töricht, minderwertig oder unerwünscht an. Schlimmstenfalls werden sie als gefährliche Feinde betrachtet. Wenn wir folglich gleiche Sichtweisen bezüglich des Realen und Guten teilen, wird Harmonie vorherrschen. Doch wenn wir sagen: „Ich sehe es auf meine Weise" und „Du siehst es auf deine Weise", dann stehen wir der Möglichkeit des „Entweder ich oder du" gegenüber. Thomas Cleveland schreibt in seinem Buch *Natural History:* „...diejenigen, die Kriege anfangen, scheinen an die Rechtschaffenheit des Kurses zu glauben, den sie gewählt haben. Es ist genau diese Fähigkeit, die menschliche Wesen zu einer so gefährlichen Spezies macht."

Die Annäherung an Konflikte aus konstruktionistischer Perspektive impliziert die Vermeidung der Frage, wer letztendlich Recht oder Unrecht hat. Wenn wir Konflikte vermeiden wollen, lautet die entscheidende Frage: Wie können wir die divergenten Bedeutungsdomänen näher zusammenbringen? Aufgrund der zentralen Relevanz der Sprache bei der Konstruktion dieser Konfliktwirklichkeiten ist unsere Aufmerksamkeit in besonderer Weise auf den Dialog gerichtet. Gibt es Wege, miteinander zu reden und freundschaftlicher miteinander zu leben? Dieser Nachdruck, der auf den Dialog gelegt wird, ist nicht neu. Doch der Konstruktionismus fordert uns auf, jenseits der Konfliktinhalte auf unsere Diskurse zu schauen, also auf die Formen unseres Sprechens. Das heißt zu berücksichtigen, wie Dinge gesagt werden, was gewichtet wird, wohin das Schweigen fällt und so weiter. Wenn wir zum Beispiel mit etwas nicht einverstanden sind, haben wir die Möglichkeit, Argumente zu sammeln. Doch Argumente als Dialogform führen dazu, dass wir gegeneinander antreten: Eine Seite muss dann gewinnen, die andere verliert. Argumentieren ist hauptsächlich „Kriegsführung mit anderen Mitteln". Was könnten dann andere, aussichtsreichere Alternativen zum Argument als Konfliktlösungsweg sein?

Das *Public Conversations Project*

Das *Public Conversations Project* ist eine vielversprechende Vorgehensweise, die von einer Gruppe von Familientherapeutinnen und -therapeuten in Boston entwickelt wurde. Die Gruppe war sehr besorgt ob der Animosität und Gewalt, die sich im Gebiet von Boston, aber auch im übrigen Lande um das Thema „Abtreibung" entzündete. In beiden Konfliktparteien – Abtreibungsgegner einerseits, Abtreibungsbefürworter andererseits – befanden sich fähige Menschen, und alle hatten einen hohen Anspruch auf moralische Richtigkeit ihrer Sichtweise. Da Mord und Terrorismus zunahmen, wurde der Bedarf an neuen Formen der Konversation immer dringender. Die Antwort des *Public Conversations Project* war die Entwicklung einer Form des Miteinander-Sprechens, die nicht zu Angriff, Erniedrigung und Revanche führt. Um die späteren Teilnehmer auf gute Weise miteinander ins Gespräch zu bringen, wurde sowohl der Prozess ihrer Auswahl aus beiden Lagern als auch das spätere Zusammenbringen dieser Menschen bis ins Kleinste geplant. Im Folgenden geben wir einen Überblick über diesen Prozess.

An einem Abend wurden Repräsentanten und Repräsentantinnen beider Konfliktparteien zu einem Treffen eingeladen. Statt sie sofort drauflos debattieren zu lassen, wurden sie zuerst zu einem gemeinsamen Abendessen gebeten. Konversationen über das Streitthema Abtreibung waren bei diesem Essen verboten. Es bestand faktisch in diesem Stadium des Prozesses für die Teilnehmenden des Abendessens keine Möglichkeit zu identifizieren, ob das Gegenüber zu den Abtreibungsgegnern gehört oder zu den -befürwortern. Folglich drehten sich die Gespräche während des Essens um gegenseitige Interessen, Arbeit, Kinder, das Wetter und so fort. Ein Gefühl des Miteinanders in üblicher Menschlichkeit herrschte vor. Bei Beginn des Diskussionsprogramms insistierten die Moderatoren darauf, dass jeder Teilnehmer und jede Teilnehmerin auf einer persönlichen Ebene spricht, dass jeder also den anderen die eigenen Erfahrungen mit dem Thema Abtreibung mitteilt. Prinzipienreiterei war strikt verboten; sie hätte für beide Parteien nichts Neues dargestellt, sondern lediglich längst Wohlbekanntes wiederholt. Die Teilnehmenden wurden stattdessen dazu aufgefordert, die persönliche Geschichte zu erzählen, die zur Entwicklung der eigenen Position beigetragen hatte. Viele sprachen über den Schmerz und das Leid, das sie in Zusammenhang mit dem Thema erfahren hatten. Und während einer erzählte, lauschten alle anderen den Ausführungen mit Verständnis. Gegen Grundsatzargumente hätten sich sofort alle gewehrt. Das Resultat dieses Prozesses war, dass die Menschen anfingen, emotional zu verstehen, warum diejenigen, die der anderen Seite angehören, so fühlen wie sie fühlen. In einem nächsten Schritt wurden daraufhin alle aufgefordert, über die „grauen Zonen ihrer Sicht" zu sprechen, also über mögliche Zweifel, die sie an der eigenen Position hegen. Sie enthüllten in dieser Phase eine zweite Stimme, eine Stimme, die der Stimme der Opposition zu ähneln begann.

Das Ergebnis einer solchen sorgfältig orchestrierten Konversation zwischen sechs bis zehn Teilnehmenden ist üblicherweise die Deeskalation des Konflikts. Die Menschen werden nicht aufgefordert ihre Position zu ändern (sie tun dies auch nicht), doch sie sind in der Lage ein mitfühlenderes Verständnis für die andere Seite zu entwickeln. Sie fangen hin und wieder auch an, neue Umgangsmöglichkeiten zu entwerfen. Im Falle der Abtreibungsdiskussion „*Pro Leben* versus *Pro Abtreibungs-Wahlmöglichkeit*“ konnten alle Beteiligten sich für die Zusammenarbeit zur Prävention solcher Situationen entscheiden, in denen Abtreibung eine Option hätte werden können. In einem anderen Fall stimmten beide Lager zu, die jeweils andere Gruppe vor bevorstehenden Anschlägen zu warnen. Für einige der Beteiligten wurden diese Konversationen so wertvoll, dass sie sogar zu privaten Verabredungen führten. Durch die Gestaltung einer bestimmten Form des Miteinander-Sprechens konnte in diesem Projekt gegenseitiger Hass durch gemeinsames Explorieren aufgelöst werden. Für einen konstruktionistischen Ansatz zur Konfliktlösung gilt, dass sich keine der Streitparteien im Besitz der Wahrheit befindet. Jedes Thema hat viele Seiten. Durch Dialog können auf kreative Weise neue Ergebnisse hervorgebracht werden.

Zusammenfassung

Konstruktionistische Ideen haben sowohl therapeutische Verfahren und Vorgehensweisen zu gesellschaftlicher Konfliktreduktion belebt, als auch Veränderungen in Organisationen und pädagogischen Institutionen. Wir haben die Praxis *Narrativer Therapie*, *Kurzzeit- und Lösungsorientierter Therapien* und *postmoderner Therapie* hervorgehoben. Was Veränderungen in Organisationen anbelangt, haben wir uns *relationale Führung* und *Wertschätzendes*

Erkunden angesehen. Bezüglich erzieherischen Handelns haben wir die *Kritische Pädagogik* und *Ansätze kollaborativen Lernens* zur Kenntnis genommen. Durch Dialog und besonders durch das *Public Conversation Project* wurden Wege der Konfliktreduktion aufgezeigt. In einem weiteren Band könnten wir über neue Vorgehensweisen in Beratung, Sozialarbeit, Religion und mehr berichten. Wir hoffen vor allem, dass Sie durch unsere Diskussionen animiert werden, weitere Bereiche zu lokalisieren, in denen diese Ideen Verbesserungen anregen könnten. Unsere Zukunft wird aus Beziehungen heraus geformt.

4 Forschung als Konstruktionspraxis

Viele traditionelle Annahmen über Wissen und Forschungspraxis werden durch konstruktionistische Ideen in Frage gestellt. In diesem Kapitel beschreiben wir zuerst einige der wichtigsten Veränderungen bezüglich der Antwort auf die Frage, was Wissen und Verstehen bedeutet, zu denen uns der Konstruktionismus einlädt. Danach sehen wir uns einige Anwendungen dieser Ideen im Bereich sozialwissenschaftlicher Forschung an. Der Konstruktionismus bietet eine alternative Sicht von Wissen. Welche Implikationen für unsere Suche nach Wissen über andere und uns selbst sind damit verbunden?

Rekonstruktion der Wege der Wissenserlangung

Die Suche nach Wissen wurde traditionellerweise eng mit der Wahrheitssuche assoziiert. Im Gegensatz dazu verstehen Konstruktionistinnen und Konstruktionisten Wissen als Produkt von Gemeinschaften, das durch einzelne Annahmen, Überzeugungen und Werte gesteuert wird. Aus dieser Sicht geht es dann nicht mehr um „Wahrheit für alle", sondern um „Wahrheit innerhalb der Gemeinschaft". Menschen, die als „ungebildet" bezeichnet werden, sind nicht unwissend. Sie sind einfach nur kein Teil derjenigen Gemeinschaft, die sie als ungebildet ansehen mag. Sie haben ein Wissen, das sich von dem Wissen der Anderen unterscheidet. Mathematikprofessoren wissen zum Beispiel nicht mehr als Basketballspieler, und Historikerinnen wissen nicht mehr als Maurer. Das Wissen jeder Gruppe funktioniert auf unterschiedliche Weise und dient unterschiedlichen

Zwecken. Diese Bewegung in Richtung Wissenspluralität bereitet uns die Bühne für weitere konstruktionistische Infragestellungen unserer Traditionen der Wissenskonstruktion.

Die Grenzen zwischen verschiedenen Disziplinen durchlässig machen

Disziplinen wissenschaftlichen Wissens wie zum Beispiel Chemie oder Geologie basieren weitgehend auf der Idee, es existiere eine *objektive* Wahrheit über die Welt, die entdeckt werden könne. In dieser Tradition hat jede Disziplin spezielle *Studienobjekte* (z. B. chemische Elemente, tierische Spezies, Wirtschaft, Verstand) und jede erfordert spezialisierte Forschungsmethoden (z. B. Experimente, Laborapparaturen, Stichprobenanalysen). Diese Orientierung führte zur Entstehung isolierter Inseln von Wissensproduzentinnen und -produzenten, die selten miteinander kommunizieren und die sich darüber hinaus dem breiten Publikum nur selten verständlich machen. Typischerweise ist auf nahezu jedem Universitätscampus jede Wissensabteilung in einem anderen Gebäude untergebracht. Die Angehörigen einer Abteilung besuchen ihre Nachbarn nur selten. Und die Menschen im Elfenbeinturm sind wenig geneigt, sich mit dem Publikum von draußen zu unterhalten.

Der Konstruktionismus stellt diese Isolation in Frage. Aus konstruktionistischer Sicht werden Forschungsgegenstände durch relevante Gemeinschaften von Wissensproduzenten konstruiert. Gemeinschaften kreieren die Wirklichkeit der Chemie, Wirtschaft, Psychologie, Physik und so weiter. Sie entwickeln *Paradigmen.* Ein Paradigma ist ein Modell, das der bedeutende Wissenschaftshistoriker Thomas Kuhn vorgeschlagen hat. Es wird durch einen geteilten Satz von Annahmen, Methoden, Schreibweisen, Preisen und so weiter konstituiert. Dieser geteilte Satz von Annahmen hält die Gemeinschaft zusammen. Paradigmen sind das „Triebwerk“ der

Wissensfabrikation einer Gemeinschaft. Innerhalb eines Paradigmas werden diejenigen Probleme gelöst, die von der jeweiligen Gemeinschaft als Problem angesehen werden. Innerhalb eines Paradigmas können wichtige Erträge erzielt werden, doch es gibt auch Grenzen. Paradigmen funktionieren oft wie ein blinder Fleck. Sobald man innerhalb ist, fällt es schwer, auf das Außen zu schauen. Wenn eine Person zum Beispiel davon ausgeht, Realität sei „materieller“ Natur, wird ihr jeder, der den Begriff „Geist“ auch nur erwähnt, als jemand erscheinen, der über etwas spricht, das gar nicht existiert. Wenn sich jemand von seinem Paradigma herausgefordert sieht, ein Atom zu splitten, also etwas zu tun, was für die Konstruktion einer Bombe nützlich sein könnte, werden Fragen über das Gut und Böse der Kriegsführung weitestgehend irrelevant sein. Diese Fragen gehören in das Fachgebiet der Politik oder Religion, nicht aber in den Bereich dieser Art von Forschung.

Die konstruktionistische Herausforderung besteht dann darin, die disziplinären Grenzen zu verwischen. Dialoge über Disziplinen hinweg, in denen multiple Wirklichkeiten zugelassen und wertgeschätzt werden, fördern letztendlich unser Wohlbefinden. Fehlender Austausch von Sichtweisen mit anderen Menschen führt zu Blindheit für die Werte und Potenziale alternativer Traditionen. Essenziell ist auch, dass Forschungsdisziplinen in einen Dialog mit der umgebenden Kultur gebracht werden. Diese Begegnungen bereichern alle Parteien. Außerdem steigt dadurch die Möglichkeit, dass Wissenschaftler und Wissenschaftlerinnen sich in ihren Arbeiten zu gesellschaftlich relevanten Angelegenheiten äußern. Dieser Punkt ist eng mit einem zweiten Argument verbunden.

Nach Nutzen und Wert fragen

Konstruktionistinnen und Konstruktionisten gehen davon aus, dass Forschung innerhalb eines Paradigmas von der Gemeinschaft, die sich diesem Paradigma verpflichtet fühlt, hoch bewertet wird. Ökonomen schätzen die Früchte ökonomischer Modellbildung, und Neurowissenschaftler haben vielleicht großes Interesse an den Resultaten, die durch bildgebende Verfahren der Hirnforschung erzielt werden. Konstruktionistinnen und Konstruktionisten fordern uns jedoch auch dazu auf, den Nutzen dieser Sprachen in den Blick zu nehmen und die Effekte zu bedenken, die sie *außerhalb der Grenzen der Gemeinschaft* haben. Wie tragen zum Beispiel ökonomische Forschung oder bildgebende Verfahren der Hirnforschung zum Leben der Menschen einer Gesellschaft im Allgemeinen bei (oder wie untergraben sie dieses möglicherweise)? Erhalten diejenigen, die sich außerhalb einer Disziplin befinden, eine Stimme, um solche Urteile abzugeben?

Dies alles sind essenzielle Wertfragen. Welche Lebenswege möchten wir pflegen? Was wünschen wir uns für unsere Kinder und Enkelkinder? Historiker zum Beispiel sind damit beschäftigt, uns historische Wahrheiten näher zu bringen. Aber wie sollte die Geschichte des Mittleren Ostens beschrieben werden? Vieles hängt davon ab, wer die Geschichte erzählt, in welchem Gebiet und mit welchem Ziel. Manche Berichte werden die islamische Religion favorisieren, andere nicht. Manche werden sagen, viele islamische Länder hätten es versäumt, in die moderne Ära der Technologie einzutreten, während andere den Erfolg betonen werden, mit dem sie der Zerstörung ihrer Tradition standgehalten haben. Es gibt kein Aussteigen aus all diesen Traditionen. Geschichte jenseits von Traditionen zu schreiben ist unmöglich. Und solange wir in solche Konflikte unterschiedlicher Auffassungen verwickelt sind, ist der Dialog darüber entscheidend. Wenn alle Stricke reißen, bleibt als Alternative möglicherweise nur noch gegenseitige Vernichtung.

Ein Plädoyer für Methodenvielfalt

Traditionelle Forschung nimmt die Existenz einer von Forschern getrennten und unabhängigen Welt von Objekten oder Ereignissen an. Die Aufgabe der Forschung ist die Enthüllung des Charakters dieser Welt. Das heißt typischerweise, dass man ein sensibles und genaues Messinstrument für den behandelten Gegenstand findet. Diejenigen, die glauben, dass sich in den Köpfen der Menschen „Einstellungen“ befinden, entwickeln zum Beispiel Untersuchungsfragen, um „die Einstellungen der Menschen abzuklopfen“. Diejenigen, die an „ökonomische Prozesse“ glauben, verwenden möglicherweise das Bruttosozialprodukt als Maß. Letztendlich besteht der vorherrschende Glaube an die Möglichkeit, „Wahrheit durch Methode“ zu finden.

Aus konstruktionistischer Sicht widerspiegeln Forschungsmethoden die Annahmen und Werte einer bestimmten Gemeinschaft. Also erzeugen wir mit Methoden das, was wir als Natur bezeichnen – die Methoden spiegeln die Natur nicht wider. Wenn Psychologinnen und Psychologen etwas wertschätzen, das „Intelligenz“ genannt wird und wenn sie gewillt sind, bestimmte Handlungen als intelligent zu definieren (z. B. verbale Probleme lösen), dann können sie ein Messinstrument für Intelligenz entwickeln, das Intelligenzquotient genannt wird. Doch die Antworten eines Menschen auf einen Intelligenztest sind lediglich Indikatoren für eine Intelligenz, die der Art und Weise entspricht, in der Psychologen die Welt definieren. Intelligenztests zeigen dann auch keine „Intelligenzunterschiede“. Vielmehr konstruieren sie eine Welt, in der Intelligenzunterschiede einleuchtend erscheinen. Das Gleiche gilt für die Messung von Selbstwert, Persönlichkeit, kognitiven Funktionen und so weiter.

Trotz dieser Konzentration auf die Macht der Methoden, Wirklichkeit zu kreieren, möchten wir nicht die Vorstellung erwecken, wir würden uns von traditionellen Forschungsmethoden abwenden. Jegliche Wahrheit befindet sich „innerhalb einer Tradition“, und jede Tradition erhält bestimmte Werte aufrecht. Für bestimmte Absichten und Ziele können die Forschungsmethoden einer Tradition folglich einen wertvollen Beitrag leisten. Wenn wir die Welt in Begriffen von physischer Gesundheit und Krankheit konstruieren und letztere vermeiden möchten, dann sind Methoden medizinischer Forschung von unschätzbarem Wert. Es gibt nur selten Anlass, diesen Wert in Frage zu stellen. Auch Diskussionen darüber, mit welcher Methode Intelligenz am besten gemessen werden kann, sind weit verbreitet. Doch selten wird die Aufmerksamkeit der Frage gewidmet, ob das Konzept der „Intelligenz“ an sich geschätzt werden sollte oder nicht. Es ist ein höchst bewertendes Konzept, dies liegt in seiner Natur. Es bevorzugt bestimmte Menschen auf Kosten von anderen. Dennoch fragen wir nicht, was für eine Art von Gesellschaft wir erzeugen, wenn wir all ihre Mitglieder auf einer Intelligenzskala messen und dann die Aussage treffen, etwa die Hälfte liege unter dem Mittelwert.

Zur Erweiterung unserer Ausdrucksformen

Ergebnisse wissenschaftlicher Forschung werden den Mitgliedern der Wissenschaftsgemeinschaft meistens durch schriftliche Berichte übermittelt. Für diejenigen, die sich außerhalb der Gemeinschaft befinden, sind solche Berichte oft schwer zu lesen, und selbst Forscher finden diese Texte oft zu komplex und langweilig. Solche Schreibstile sind Teil einer „Wahrheitstradition“, die auf präzise Befunde bezüglich harter Fakten Wert legt und die rhetorische Stile verabscheut, durch die die Leser beeinflusst werden könnten. Die Forderung lautet: Wissenschaftler und Wissenschaftlerinnen müssen die Leidenschaft außerhalb ihres Schreibrahmens lassen, damit die Beurteilung durch die Leser und Leserinnen nicht verschleiert wird. Sehen wir jedoch Wahrheit als kommunale Kreation an, dann sind diese Anforderungen an das Schreiben nicht länger bindend. Stattdessen sind wir herausgefordert, wissenschaftliches Schreiben als eine Form zu sehen, mit anderen Menschen innerhalb einer Gemeinschaft in Beziehung zu treten.

In diesem Licht können wir traditionelles wissenschaftliches Schreiben dann auch als lediglich *eine* mögliche Ausdrucksform verstehen. Sie ist für bestimmte Ziele nützlich (z. B. dient sie der Effizienz der Kommunikation zwischen einer Elite von Wissenschaftlern), hat ansonsten jedoch ihre Grenzen. Wenn zum Beispiel wissenschaftliches Schreiben nur Wissenschaftler anspricht, dann sind all diejenigen vom Dialog ausgesperrt, die sich außerhalb dieser Gemeinschaft befinden. Dann grenzt Wissenschaft aus. In den Sozialwissenschaften, wo oft einfache Bürger die Probanden der Forschung sind, ist diese Kritik besonders bedeutsam. Sozialwissenschaften haben eine lange Geschichte der Suche und des Auffindens von Fehlern bei den Mitgliedern verschiedener Gruppen von Menschen. Letztere werden dann „unintelligent“ genannt, „spießig“, „nachgiebig“, „geistesschwach“, „voreingenommen“ und so weiter. Diese Formen des Schreibens geben den „Opfern“ wenig Raum – weder zu verstehen noch auf diese Beschreibungen zu antworten.

Das Wissen über diese Zusammenhänge führte vor allem viele Sozialwissenschaftler dazu, mit neuen Formen des Schreibens zu experimentieren. Durch neue Schreibformen werden neue Wirklichkeiten erzeugt. Manche Forscher gebrauchen ihre „persönliche Stimme“, um ihre Analysen vorzustellen. Durch das Schreiben in der ersten Person wird das Lesen von Forschungsberichten ansprechender, und der Blick auf das Engagement des Forschers wird frei. Außerdem verdeutlicht ein solches Schreiben den Konstruktionscharakter der Annahmen und impliziert, dass alles immer auch ganz anders gesehen werden könnte. Andere Autoren experimentieren mit verschiedenen Stimmen, um unterschiedliche Perspektiven aufzuzeigen. In einer kürzlich geschriebenen Dissertation, die von einer neuseeländischen Psychologin verfasst wurde, die als Beraterin tätig ist und die zum Volk der Maori gehört, waren drei verschiedene Stimmen (und Schriftarten) im Text enthalten: ihre Stimme als Wissenschaftlerin (unpassioniert und objektiv), ihre persönliche Stimme (kraftvoll und leidenschaftlich) und eine Maori-Stimme (geschrieben in der Sprache der Maori).

Faszinierend ist auch der Fall, den Karen Fox vorbringt. Es handelt sich dabei um die Stimme einer Therapieklientin, die sexuelle Gewalt durch den Stiefvater erfahren hatte. Fox interviewte auch den aufgrund dieser Tat im Gefängnis inhaftierten Stiefvater der Klientin. Da Fox selbst ebenfalls ein Opfer sexueller Gewalt war, schloss sie schließlich auch ihre eigene Stimme mit ein. Sie führt jede der drei Stimmen gleichzeitig auf einer Seite vor, sodass während des Lesens nicht nur die Erfahrung multipler Perspektiven gemacht wird, vielmehr kann durch die direkte Nebeneinanderstellung ein breiteres Verständnis erlangt werden. Es folgt ein kleiner Auszug aus ihrer Arbeit:

Ben: Sexueller Gewalttäter
Damals, als sie zum ersten Mal kamen, um mit mir zu leben … Sie hatten vorher nie viel. Sie aßen die meiste Zeit nur Pfannkuchen … Ich zeigte ihnen verschiedene Orte. Ihr Vater hatte dies nie getan.

Sherry: Opfer
Er gab uns ein Leben, das wir vorher nicht hatten. Vor meinem siebten Lebensjahr hatte ich noch nie Fleisch gegessen. Wir aßen nur Pfannkuchen und Eier. Er gab uns ein Zuhause. Er gab uns Disziplin. Wir Kinder waren unkontrollierbar … Das Gute, das er tat, überwiegt das Schlechte. Dies entschuldigt seine Tat keineswegs. Ich habe Liebe für ihn empfunden, er war wie ein Vater für mich.

Karen: Forscherin
Seine Frau Betty Ann sagt, Ben und Sherry seien sich sehr nahe gewesen. Sie sprachen über alles miteinander. Sie sprach mit ihm über ihre Menstruation …

Ben: Sexueller Gewalttäter
Solange wir sexuellen Straftäter die Tat leugnen, können wir keine Hilfe bekommen. Wir müssen unsere Taten zugeben. Was ich getan habe, war falsch. Und ich weiß das jetzt.

Sherry: Opfer
Ich glaube, es wirkt, ihm wird einiges bewusst. Er bekommt Hilfe. Niemand kann sich in zwei Jahren bessern.

Man könnte nun kritisch fragen, warum wir unsere Betonung so stark auf das Schreiben legen, wenn es um die Präsentation von Forschungsergebnissen geht. Es gibt so viele Darstellungsformen – und Worte begrenzen. Warum verwenden wir nicht Filme, Audioaufnahmen, Musik, Kunst, Tanz, Multimedia und mehr? Jede Darstellungsform bietet neue Möglichkeiten der Weltkonstruktion und der Beziehungsaufnahme, sowohl innerhalb als auch außerhalb wissensgenerierender Gemeinschaften. Solche Herausforderungen sind in ihren Implikationen so spannend wie radikal. Es gibt dafür zahlreiche Beispiele. Vor ungefähr einem Jahrhundert haben Anthropologen das Medium Film verwendet, um das Leben von Stämmen zu dokumentieren. Diese visuellen Aufnahmen sind oft informativer als schriftliche Berichte. Durch die Verwendung von Aufnahmegeräten kann man ansonsten nicht dokumentierte Lebensweisen mit anderen teilen. Durch neue Medienformen können neue Welten produziert werden, und jedes Medium hat ein anderes Potenzial, Wirklichkeit zu konstruieren.

Durch Fotografie zu sozialer Veränderung beitragen

Seit vielen Jahren arbeitet die Sozialforscherin M. Brinton Lykes mit Frauen, die in den Gebirgsgegenden von Guatemala leben und die sehr stark unter den Bürgerkriegen in ihrem Land leiden. Ihre Familienmitglieder wurden von feindlichen Truppen getötet, ihre Dörfer zerstört. Als Teil eines Forschungsvorhabens und als Form der Heilung und Solidaritätsbildung unter den Frauen gab Lykes jeder von ihnen eine Kamera. So konnten sie die Zerstörung und Gewalt dokumentieren, die dort stattgefunden hatte. Die Forscherin bot den Frauen dann die Möglichkeit, ihre Fotographien untereinander auszutauschen und gemeinsam über die Implikationen zu reden, die diese Szenen für ihr Leben hatten. Die Gespräche über die Fotographien führten zu einem tieferen, komplexeren Verständnis der Ereignisse und sie halfen bei der Anbahnung eines Weges zur Wiederherstellung einer Gemeinschaft. Die Verwendung der Fotos bot den Frauen die ungewöhnliche Möglichkeit, ihre Lebens- und Zukunftsvisionen auszudrücken. Dadurch, dass sie sie miteinander teilten, entwickelten sie Solidarität und neue Ideen, um Veränderungen einzuleiten. Ihre Fotos und Dialoge halfen ihnen, neue Wirklichkeiten zu schaffen, solche, die ihnen neue Visionen erlaubten und neue Zukunftspläne. Schließlich führte dieses sozial konstruierte Unternehmen bei den Frauen zu mehr Hoffnung bezüglich der Frage: „Wer sind wir und was möchten wir werden?“.

Methoden der Sozialforschung erblühen

Diese vier Herausforderungen – das Durchbrechen disziplinärer Grenzen, die Auswertung der gesellschaftlichen Funktion von Forschung, die Anregung zu Methodenvielfalt und die Erweiterung unserer Ausdrucksformen – sind für alle Bereiche der Wissenskonstruktion relevant. Wie Sie sich vielleicht vorstellen können, war der Einfluss konstruktionistischer Ideen innerhalb der Sozial- und Geisteswissenschaften größer als in den Naturwissenschaften. In den erstgenannten Bereichen keimten neue Forschungspraktiken. Wir veranschaulichen nun ein paar dieser Entwicklungen. Vor allem untersuchen wir sich verbreitende Forschung in folgenden Bereichen: Narrative Studien, Diskursanalyse, Ethnographie und Handlungsforschung.

Das Selbst erzählen

In traditioneller Forschung führen Sozialforscher Beobachtungen durch und ziehen Schlüsse über andere Menschen, deren Motive, Probleme, Gewohnheiten, Beziehungen und so weiter. Konstruktionistinnen und Konstruktionisten fragen indes: Warum geben wir den Menschen nicht das Recht, mit ihrer eigenen Stimme zu sprechen? Haben unsere Probandinnen und Probanden uns autorisiert, für sie zu sprechen? Wissen wir denn überhaupt, ob sie mit unseren Schlussfolgerungen übereinstimmen würden? Warum erlauben wir ihnen nicht, ihr Leben selbst zu porträtieren, statt *über sie* zu schreiben?

Ein bedeutsames Mittel, Forschungsprobanden eine Stimme zu geben, ist die Verwendung narrativer Methoden. Vielleicht erinnern Sie sich an unsere Diskussion über Beschreibungsweisen und Darstellungsformen im vorangehenden Kapitel. Jetzt geht es darum, dass Forscher und Forscherinnen ihren Probanden die Möglichkeit geben, die eigene Geschichte selbst darzustellen. So werden zum Beispiel Lebensgeschichten gesammelt, Autobiographien analysiert oder Briefe in historischen Archiven lokalisiert und untersucht. Narrative Forschung (Erzählforschung) liefert so Einsichten über das Altern, über Emigration, Kriminalität, Drogenabhängigkeit, „Coming-out" und vieles mehr. Die Erzählungen der Probanden sind nicht nur darum wichtig, weil sie uns ein Gefühl für die Wirklichkeiten vermitteln, in denen andere Menschen leben, sie bieten uns auch die Möglichkeit, das Leben aus Sicht der Anderen zu sehen.

Das Ringen um den Monomythos Leistung

Zur Illustration der Arbeitsweise innerhalb des narrativen Ansatzes möchten wir auf Mary Gergens Forschungsarbeit über Autobiographien von Amerikanern und Amerikanerinnen verweisen, die als Überflieger bzw. Überfliegerinnen gelten. Die Autobiographien von Menschen in Führungspositionen in den Bereichen Wirtschaft, Wissenschaft, Kunst und Sport deuten an, dass das Leben der Männer von etwas dominiert zu sein scheint, das oft mit dem Begriff Monomythos bezeichnet wird. Das ist der uralte Mythos von dem Mann, der auf die Suche geht (z. B. um den Drachen zu erlegen oder einen Gegner zu bekämpfen) und der dann aus dieser Suche als erleuchteter und siegreicher Held hervorgeht. Dieser Mythos, so scheint es, dient Männern als Ressource. Er hält ein Muster bereit, das sie durch das Leben leitet. Bei Frauen in Höchstleistungspositionen hingegen fand Mary Gergen wenig Belege für das Rekurrieren auf einen Monomythos. Weibliche Erfolgstypen scheinen nicht so stark im Produzieren eines Monomythos zu sein, sie beschreiben oft die Beziehungen, die ihnen wichtig sind; diese haben jedoch keinen Bezug zu ihren Karrierebestrebungen. Gergen überlegte, ob das Fehlen eines Monomythos im Leben der Frauen ein Grund für die geringere Wahrscheinlichkeit sein könnte, eine Überfliegerin zu werden. Wichtiger ist vielleicht folgende Frage: Könnte es sein, dass die allgemeine Form des Monomythos zu begrenzt ist, um die Aktivitäten der Frauen treffend zu umfassen? Ist der Monomythos eine vielversprechende Form der Erzählung in einer Welt, in der Beziehungen bei allem, das sich ereignet, eine zentrale Rolle spielen? Taugt der Monomythos dazu, junge Menschen zu lenken oder ist er eine Zwangsjacke? Auch dies ist eine Frage der Werte. Männer und Frauen haben diesbezüglich oft unterschiedliche Sichtweisen.

Diskursanalyse

Der einflussreiche französische Theoretiker Michel Foucault hat die Herstellung von *Disziplinarregimen* in unterschiedlichen Gemeinschaften wie Wissenschaft, Religion, Regierung und anderen beleuchtet. Damit sind Wissensformationen und Regelsätze gemeint, die wir vermittelt bekommen und die unser Verhalten und unsere Äußerungen steuern. Wenn wir uns eine Disziplin oder Disziplinierung einverleiben, lernen wir, uns auf eine bestimmte Art zu verhalten und nicht anders. Wir lernen also, uns selbst zu disziplinieren, sodass wir keine Dinge tun, die als dumm, abscheulich oder böse angesehen werden könnten. Disziplinen erzeugen jedoch auch eine Blindheit für das, was außerhalb ist. Sie beschneiden Möglichkeiten und führen zur Geringschätzung derjenigen, die sich außerhalb befinden. Von solchen Argumenten beeinflusst, fühlen sich viele konstruktionistische Wissenschaftlerinnen und Wissenschaftler zu Diskursanalysen und ihren Implikationen für die Gesellschaft hingezogen.

Sie befassen sich vor allem mit der Frage, wie unsere Sprech- und Schreibweisen unsere Lebensmuster formen. Wohin laden uns die Worte ein, die wir benutzen, und für welche anderen Richtungen machen sie uns blind? Diskursanalytiker haben ein Interesse daran, die Sprachen zu beleuchten, in denen wir leben. Sie tun dies, weil sie soziale Veränderungen anregen möchten und nicht einfach darum, weil sie Sprachen interessant finden. Sie möchten unseren gesunden Menschenverstand, unsere als selbstverständlich erachteten Welten in Frage stellen, sodass wir frei werden, uns anders zu verhalten. Wenn wir zum Beispiel unsere Aufmerksamkeit auf die für selbstverständlich gehaltene Trennung zwischen Heterosexuellen und Homosexuellen richten, fangen wir an zu sehen, dass unsere Kategorien begrenzt sind. Wir trennen die komplexe Welt sexueller Beziehungen in zwei exklusive Kategorien, selbst wenn wir realisieren, dass das sexuelle Leben der Menschen oft viel komplexer ist. Durch eine sorgfältigere und kritischere Untersuchung des üblichen Diskurses werden wir eingeladen, unsere Lebensweisen zu überdenken und nach neuen Wegen zu suchen. Im Falle der Sexualität könnten wir anfangen, neue Begriffe zu entwickeln, die zu neuen Lebensmustern einladen: metrosexuell (d.h. Männer, die wenig maskulin sind), polysexuell, bisexuell, „lesbisch bis zum Schulabschluss“ etc. Der Fokus auf eine Diskursanalyse stellt für viele Menschen eine Befreiung dar.

„Ich bin zu alt dafür ..." – Ein Killer-Argument

Der Staat Illinois litt unter einem Engpass an Krankenpflegepersonal. In diesem Zusammenhang machte der Soziologe Chris Bodily eine Studie, in der er sich mit der Frage beschäftigte, warum über 50-jährige Krankenschwestern und Krankenpfleger nicht arbeiten bzw. kein Interesse daran zeigen, ins Arbeitsleben zurückzukehren. Er analysierte über 1000 Fragebogenrückläufe und war betroffen über die Höhe der Anzahl derjenigen, die ihr Alter als Grund für das Ausbleiben einer Rückkehr in den Beruf nannten. Kommentare wie „wegen meines Alters..." oder „in meinem Alter wäre das unmöglich..." wurden so verwendet, als ob es geradezu offensichtlich sei, dass sie die Arbeit nicht fortsetzen können. Bodily betont jedoch, dass die Anzahl der gelebten Jahre nicht ausschlaggebend ist, wenn es um die Frage nach kontinuierlicher Produktivität geht. Verwenden Menschen einen ähnlichen Diskurs, dann fallen Sätze wie „Ich bin zu alt zum Joggen", „Ich bin zu alt zum Tennisspielen" oder „Ich bin zu alt für eine Liebesaffäre". Wie auch immer, die Forschung legt nahe, dass der Verfall körperlicher Fitness in erster Linie das Resultat zurückgehender physischer Aktivität ist. Unsere körperlichen Kräfte schwinden nicht darum dramatisch, weil wir älter werden. Vielmehr lassen sie darum mit zunehmendem Alter nach, weil wir körperliche Aktivitäten einstellen. Durch die Aufrechterhaltung des Aktivitätsniveaus können ältere Menschen ihren Blutdruck senken, Angst reduzieren, ihren Schlafrhythmus verbessern, ihre Knochen stärken, ihr Herz-Kreislauf-System verbessern und in so gut wie jeder Hinsicht gesünder und stärker werden. Es sei denn, sie akzeptieren den üblichen Diskurs „Ich bin zu alt...", der möglicherweise eine Einladung zu einem vorzeitigen Tod ist.

Gelebte Welten: Ethnographische Abenteuer

Ein großer Teil traditioneller Forschung hat sich die Etablierung eines Satzes abstrakter Theorien oder Prinzipien zum Ziel gesetzt, in der Hoffnung, Voraussagen bezüglich menschlichen Verhaltens machen zu können. Für viele Konstruktionistinnen und Konstruktionisten erscheinen abstrakte Theorien von unserem täglichen Leben abgeschnitten und unsensibel für Veränderungen über die Zeit hinweg. Wir können auch nicht wissen, wann, wo und wie ein abstraktes Konzept auf eine bestimmte Situation angewendet werden kann. Folglich haben viele Sozialforscher die Suche nach abstrakten Theorien zugunsten ethnographischer Forschung aufgegeben und befassen sich mit Studien, die das Leben verschiedener Gruppen von Menschen zu erhellen versuchen. Sie kommen zu dem Schluss, dass wir unsere eigenen Horizonte, unsere Lebenspotenziale und unseren Lebenssinn erweitern können, wenn wir ein Verständnis dafür erlangen, wie andere Menschen leben und wie sie ihre Welten konstruieren. Das Resultat ist ein Aufblühen ethnographischer Methoden.

Ethnographische Studien innerhalb der Sozialwissenschaften sind nicht neu. Sie wurden ursprünglich in der Anthropologie entwickelt. Forscherinnen und Forscher, die diese Art Forschung betreiben, reisen typischerweise in ferne Länder und leben mit den Stammesgemeinschaften zusammen. So wurden zum Beispiel die Bewohner der Trobriand-Inselgruppe untersucht, die Balinesen, die Minangkabau und andere. Mit dem Verschwinden „exotischer“, von der westlichen Kultur unberührt gebliebener Kulturen, entstand eine Wende zu den verschiedenen Subkulturen innerhalb moderner Gesellschaften. So untersuchen Soziologen oft in Zusammenarbeit mit Anthropologen kleine ethnische Gemeinschaften, religiöse Kulte, Sexarbeiter und Sexarbeiterinnen, Bodybuilder und Motorradgangs, also Gruppen, die der breiten Kultur relativ unzugänglich sind.

Ethnographische Studien sind für viele Kontruktionistinnen und Konstruktionisten nicht nur darum reizvoll, weil sie alternative Weltkonstruktionen aufzeigen, sondern auch, weil sie sich jenseits der Manipulationen und Täuschungen bewegen, die Laborexperimente oft begleiten. Wie auch immer, konstruktionistische Ideen eröffnen auch für ethnographische Forschung neue Perspektiven. Im Folgenden möchten wir zwei der aufregenderen Entwicklungen in diesem Bereich nennen:

- *Kollaborative Ethnographie.* Forscherinnen und Forscher fragen zunehmend: „Wer oder was gibt mir das Recht, über andere zu berichten und ihr Leben in meine Worte zu übersetzen? Warum sollten Menschen nicht das Recht haben, anderen gegenüber selbst zu definieren, wer sie sind?" Solche Reflexionen haben viele Wissenschaftler dazu angeregt, Wege der Zusammenarbeit mit denjenigen Menschen zu finden, über die sie forschen möchten. Vor einigen Jahren interessierte sich zum Beispiel James Scheurich, ein Kollege aus Texas dafür, die Erfahrungen mexikanischer Emigranten in den USA aufzuzeigen. Er kooperierte mit zwei Doktoranden mexikanischer Herkunft und sie machten sich daran, ein „Forschungshappening" zu kreieren, ein Ereignis, zu dem viele Menschen eingeladen wurden. Es gab zahlreiche visuelle, ästhetische und intellektuelle Angebote für die Teilnehmenden. Viele Emigranten teilten ihre Geschichten in schriftlicher Form mit den anderen oder durch Tonbandaufnahmen, Fotographien und Dias. Begleitet von Musik und Poesie gab es Präsentationen, bei denen das Publikum mit eingeschlossen war. Ziel der Aktion war es, die unterschiedlichen Erfahrungen als vielstimmigen Chor zu präsentieren, und zwar ohne Vorhandensein eines Hauptthemas oder einer dominanten Metapher. Die Besucherinnen und Besucher konnten in ihrer eigenen Weise mit den Ereignissen mitschwingen. Durch solche Ansätze, die die konstruktiven Potenziale jedes Zuschauers und jedes Teilnehmers hervorheben, wird die Gefahr von Zurückweisung oder Ablehnung gebannt, die einstimmige Präsentationen evozieren können. Die Präsentation machte deutlich, dass es weder ein einfaches noch ein einziges Verständnis des Lebens Anderer gibt.

- *Autoethnographie.* Forscherinnen und Forscher fragen zunehmend: „Warum sollte ich über das Leben von anderen berichten, wenn ich niemals in ihren Schuhen gegangen bin?" Diese Art der Reflexion regte die Entwicklung der Autoethnographie an. Damit ist das Aufzeigen eigener Lebenserfahrungen zwecks Beleuchtung einer bestimmten Subkultur gemeint. So hat zum Beispiel Carol Rambo Ronai über ihre Arbeit als Stripperin und Schlammringerin in einem „Gentleman's Club" geschrieben. Ihre Autoethnographie ist sowohl reflexiv als auch beschreibend. Sie schildert, wie sie sich selbst empfunden hat, sie stellt die relationalen Bindungen unter den Kolleginnen dar und die Beziehung zu ihrem Boss, die Beziehung zu den Zuschauern und die besondere Atmosphäre, die diese Art von Geschäft umgibt. Ihre Schilderung ist voller Dramatik, emotionaler Spannung, Gewalt, sinnlicher Erregung und Ekel. Sie ist Tänzerin und Wissenschaftlerin zugleich und verfolgt das Ziel, den Leser und die Leserin mehr über ihre Erfahrungen als Tänzerin in einem solchen Club wissen zu lassen, als es eine Porträtierung leisten könnte, die aus einer wenig emotionalen Position des Nicht-Beteiligtseins geschrieben worden wäre:

  „Als Kitty, die deklarierte Siegerin, aus dem Ring steigt, schlage ich ihr auf den Hintern. Sie dreht sich nach mir um, schaut mich müde an und ignoriert mich. Mit aller Kraft schlage ich ihr noch einmal auf den Hintern. Der Knall des Klatsches dringt durch den gesamten Raum. Die Menschenmenge ist entbrannt ... Kitty stürzt herbei und hechtet auf mich drauf. Die Menge liebt es. Um zur Geltung zu bringen, dass sie gerade gewonnen hat, setzt sie sich auf meine Brust und streckt die Arme aus, eine Geste des Triumphs. Erschöpft, ermattet und gedemütigt ... Ich gehe in den Ankleideraum, um ich umzuziehen ... Meine Emotionen sind eine Collage aus meditativen, ruhigen Momenten, unterbrochen durch Zornausbrüche, in denen ich heulen möchte ... Die Realität vibriert wie dröhnender Maschinenlärm, der mich einzukesseln droht. Ich suche verzweifelt nach etwas anderem, worauf ich meine Aufmerksamkeit richten könnte, ersticke den Schrecken in gekünstelter Ruhe.“ (S. 119–120)

Die Fabrikation neuer Welten: Aktionsforschung

Einer der größten Unterschiede zwischen traditioneller und konstruktionistischer Forschung liegt in den entgegengesetzten Sichtweisen bezüglich persönlicher und sozialer Veränderungen. Traditionelle Forschung tendiert dazu, einen hohen Grad von Stabilität menschlichen Verhaltens anzunehmen. Zum Beispiel fokussieren Forscher auf Prozesse von Kognition, Führung, ethnischer Differenz oder Sozialstruktur, als ob all diese Phänomene relativ beständig wären. Psychologen nehmen oft an, heutige Forschungsergebnisse seien für alle Zeiten und Kulturen relevant. Sie stützen sich dabei vor allem auf neurologische und evolutionäre Theorien. Im Gegensatz dazu betonen Konstruktionistinnen und Konstruktionisten die Potenziale von Veränderung. Sie sehen die Formen kulturellen Lebens als etwas an, das durch gemeinsam geteilte Bedeutungsgebungen und Werte zusammengehalten wird. Dabei kann es immer zu Veränderungen in den Diskursen und Werten kommen und damit zu dramatischen Modifikationen im kulturellen Leben. Der rasche Aufstieg des Maoismus in China, der Verfall der Sowjetunion, der Zusammenbruch der Apartheid in Südafrika und die Zunahme des Terrorismus sind nur ein paar Beispiele dafür. Ob die gestrige Forschung morgen nützlich sein wird, ist immer eine offene Frage.

In diesem Lichte sind Wissenschaftler und Wissenschaftlerinnen zunehmend weniger daran interessiert, die Vergangenheit mit dem Ziel der Zukunftsvoraussage auszuwerten. Stattdessen versuchen sie, direkt eine neue Zukunft zu schaffen. Aktionsforschung widmet sich diesem Ziel. Sie entstand in den 70er Jahren und teilte einen Großteil des damaligen intellektuellen und politischen Eifers. Die Forscher und Forscherinnen blieben nicht in ihren Laboratorien versteckt, um Menschen und Tiere zu studieren, um anschließend Zeitschriftenartikel für ihre Kollegen im Elfenbeinturm zu veröffentlichen und sich langfristig ein Wissenschaftlergehalt zu sichern. Vielmehr gingen sie hinaus und boten denjenigen ihre Dienstleistungen an, die in Not waren. Vor allem hofften sie, dass diese Art der Forschung ein Beitrag zur Befreiung der Menschen aus unterdrückenden politischen und ökonomischen Bedingungen sein könnte und eine Möglichkeit, neue Lebenschancen zu generiern. Diese besondere Form des Forschungseinsatzes wuchs über die Jahre vor allem in Großbritannien, Skandinavien und Südamerika. In den späten 90er Jahren fand in Cartagena/Kolumbien ein weltweites Symposium zur Aktionsforschung statt, das 2000 Delegierte aus 61 Ländern zusammenbrachte. Zurzeit sind die Hauptziele der Aktionsforschung Verminderung des Leidens, Etablierung von Gerechtigkeit, Konfliktreduktion und Verbesserung demokratischer Prozesse. Aktionsforschung wird in verschiedenen Handlungsfeldern praktiziert, Organisationsentwicklung, Erziehung, Therapie und Gemeinwesenentwicklung miteingeschlossen.

Aktionsforschung in Aktion

Eine Anlaufstelle für Straßenkinder in Ottawa/Kanada war in der Krise. Einige waren der Ansicht, die Einrichtung bräuchte mehr Struktur und Regeln. Andere dachten, die Anzahl des Fachpersonals müsse erhöht werden. Wieder andere waren der Ansicht, das Zentrum solle geschlossen werden, um das junge „Gesindel“ vom Herumlungern in der Nachbarschaft abzuhalten. Die Anlaufstelle wurde vom städtischen Jugendamt unterstützt, das sich zu einer Untersuchung mit anschließender Reform entschied. Statt traditionell distanzierte Forschungsmethoden anzuwenden und dann die Resultate bekanntzugeben, wurde Aktionsforschung als Methode gewählt. Die Forscher entwickelten Partnerschaften mit den Kindern und Jugendlichen, in der Hoffnung, deren aktive Beteiligung an der Schaffung der eigenen Zukunft in der Anlaufstelle zu erreichen. Forscher und Fachpersonal des Jugendzentrums assistierten den Kindern und Jugendlichen während des gesamten Prozesses. Das Forschungsteam bestand aus sechs Kindern und Jugendlichen, zwei Unterstützern aus dem Jugendzentrum und einem Forscher, der von außerhalb kam.

Der Prozess der Teambildung bildete den ersten Schritt dieser Aktionsforschung. Er erforderte, dass die Kinder und Jugendlichen sowohl den gesamten Prozess als auch die involvierten Erwachsenen kennenlernen und Vertrauen aufbauen. Das zusammengestellte Forschungsteam sollte daraufhin die Anlaufstelle beurteilen, Empfehlungen für die Behörden aussprechen und Hilfen bereitstellen, um das Zentrum in die Lage zu versetzen, den Einzelnen besser zu dienen. Die Gruppe erreichte diese Ziele innerhalb einer 18-monatigen Reihe von Kämpfen und Triumphen. Dadurch, dass die Straßenkinder und Jugendlichen am gesamten Prozess beteiligt waren, engagierten sie sich voll und ganz und waren in der Lage, die Anlaufstelle in einer Weise zu beurteilen, die von entscheidender

Bedeutung war. Zusammen mit den Erwachsenen stellten sie eine Art Werkzeugkasten zusammen, als Basis für Präsentationen nach außen und Gleichaltrigen gegenüber. Während der Inhalt des Werkzeugkastens auf soliden Daten basierte, war dessen Präsentation ungestüm, bunt, voller Leben und Humor. Durch diese gemeinsamen Bemühungen wurde das Zentrum zu einem pulsierenden Element im Leben der Kinder und Jugendlichen, und ihre Anstrengungen führten zur Sicherung des Fortbestehens der Einrichtung.

Zusammenfassung

In dem Maße, in dem konstruktionistische Ideen in Forschungsgemeinschaften Einzug halten, entsteht Selbstreflexion, Enthusiasmus und Innovation. Die Sozialwissenschaften befinden sich zurzeit in einem Stadium wichtiger Transformationen. Die Zukunft ist offen. Konstruktionistische Ideen bevorzugen Pluralismus – multiple Stimmen, Methoden und Werte. Unter den Forschungsmethoden, die hier beschrieben wurden, waren Narrative Studien, Diskursanalyse, Ethnographie und Aktionsforschung. Sie alle legen Wert auf einen konstruktionistischen Ansatz, um das Verständnis sozialer Wirklichkeiten zu erweitern und um dabei zu helfen, innerhalb der beteiligten Gemeinschaften Veränderungen anzustoßen. Mit einem solchen frei schwebenden Pluralismus bereiten wir auch die Bühne für kreative Kollusionen und Kollisionen. Wenn wir glücklich handeln, wird Veränderung weiterhin bestehen.

5 Von der Kritik zur Zusammenarbeit

Konstruktionistische Ideen verunsichern viele Menschen, denn Wirklichkeiten und Werte, die im täglichen Leben zentral sind, werden hinterfragt, ohne dass eine klare Palette von Alternativen bereitgestellt würde. Da der Soziale Konstruktionismus grundlegende Behauptungen von Wahrheit, Objektivität und moralischer Sicherheit untergräbt, hat er eine zentrale Rolle in den sogenannten „Kulturkämpfen" gespielt. Die Kritik lehnt in diesen Kämpfen die Möglichkeit ab, jeder Subkultur ein Recht auf ihre eigenen Wahrheiten und Werte zuzugestehen. Konstruktionistische Ideen spielten auch im Kontext der „Wissenschaftskriege" eine bedeutende Rolle. Hier negiert die Kritik die Möglichkeit, wissenschaftliche Wahrheit als lediglich eine Wahrheit unter vielen zu sehen. Wie Sie sich folglich denken können, wurde der Soziale Konstruktionismus aus unterschiedlichen Ecken schwerwiegend angegriffen.

In diesem Kapitel greifen wir einige der zentralen Kritikpunkte auf und werden versuchen, überzeugende Entgegnungen anzubieten. Es ist uns wichtig, nicht nur auf den Inhalt unserer Antworten zu achten, sondern auch auf die Form. Wären wir lediglich einer einzigen Wahrheit, einer einzigen Form der Ratio oder bestimmten Werten verpflichtet, würden wir versuchen zu demonstrieren, dass die Kritik einfach falsch liegt oder einen fundamentalen Fehler gemacht hat. Wir müssen nicht bis zum Ende kämpfen um sicherzustellen, dass konstruktionistische Sichtweisen über alle anderen erhaben sind. Vielmehr möchten wir die Kritik als eine Einladung zum Dialog sehen, als eine Einladung zu möglicher Zusammenarbeit, aus der neue Verstehensweisen, Einsichten oder Aufbrüche zu neuen

Reisen entstehen können. Wir suchen dann nach solchen Antworten, die die Kritiker nicht beschuldigen oder vor den Kopf stoßen, sondern die uns zusammenbringen, bei dem Versuch „Neues“ zu kreieren. Drei verbreitete Kritikpunkte werden uns nun beschäftigen: der Vorwurf des Nihilismus, Realismus und moralischen Relativismus.

Vom Nihilismus zu bereicherten Wirklichkeiten

Konstruktionistische Ideen scheinen alle Glaubenssätze zu untergraben, was viele Menschen alarmiert. Es wird moniert, man könne aus konstruktionistischer Sicht nicht mehr davon ausgehen, dass Wissenschaft die Wahrheit sage, Wissenschaft erzähle nur Geschichten. Genauso seien auch all unsere Annahmen über Geschichte, Politik, die Umstände auf dieser Welt, Religion und mehr lediglich Geschichten. Überlässt uns dies nicht einer nihilistischen Leere? Ist nichts wahr? Gibt es nichts, worauf wir vertrauen können oder woran wir glauben können? Und wenn alles, was wir für wahr und gut halten, eine Konstruktion ist, werden wir dann nicht apathisch? Sind wir davon befreit, die harte Frage nach der Zukunft stellen zu müssen oder schlimmer noch: überhaupt handeln zu müssen?

Wir erwidern, dass Konstruktionistinnen und Konstruktionisten durchaus mit dem Wunsch nach verlässlichen Wirklichkeiten sympathisieren. Und wer wünschte nicht identifizieren zu können, ob ein Ansatz wahr ist oder falsch? Möchten wir nicht alle fest an dem Fakt festhalten, dass „diese Medizin unsere Infektion heilen wird“ und „dieses Flugzeug nach San Francisco fliegen wird“? Wir möchten sicher sein, dass Nachrichtenreporter und Wissenschaftler ihre Berichte nicht fälschen. In diesem Sinne sind Konstruktionistinnen und Konstruktionisten kaum nihilistisch. Hier gibt es Raum für kollaborative Kreationen.

Lassen Sie uns also zuerst die Implikationen des Vorwurfs „Es ist nur eine soziale Konstruktion“ bedenken. Diese Phrase ist hauptsächlich dann signifikant, wenn wir an der Sichtweise festhalten, einige Annahmen über Wirklichkeit seinen nicht sozial konstruiert, sondern würden genau den Punkt treffen. Wenn wir uns von der Sichtweise abwenden, bestimmte Arrangements von Worten seien einzigartig und ganz maßgeschneidert für die Welt, so, wie sie ist, dann kommen wir ab vom Kurs des Nihilismus. Der Konstruktionismus verlangt nicht, dass wir etwas aufgeben müssen, das Wahrheit genannt wird. Er lädt uns dazu ein, Wahrheitsbehauptungen und -ansprüche aller Art als etwas zu sehen, was in Beziehung geboren wird, in speziellen kulturellen und historischen Kontexten. Dies macht die Behauptungen von Medizinern, Nachrichtenreportern oder Piloten nicht unwahr oder unglaubwürdig. Vielmehr fangen wir an zu realisieren, dass all diese Behauptungen und Ansprüche unter bestimmten Umständen sehr nützlich sind. Wenn wir in unseren Konstruktionen über Krankheit, Leben und Tod übereinstimmen, dann werden wir uns auf medizinische Heilungsansätze verlassen. Wenn wir in der Bedeutung dessen übereinstimmen, was wir „nach San Francisco fliegen“ nennen, dann werden wir darauf zählen, dass der Pilot uns über sein Flugziel die Wahrheit sagt. Innerhalb einer Tradition sind Annahmen über Wahrheit für erfolgreiches Funktionieren von zentraler Bedeutung.

Mit der Annahme, dass es wichtig ist, lokale Wahrheiten zu etablieren, sind wir nun auf zwei weitere signifikante Bewegungen vorbereitet. Erstens gibt es Anlass, dem Versuch jeglicher Gruppe zu trotzen, ihre lokale Wahrheit als universell anzusehen oder alle anderen Wahrheiten damit zu ersetzen. Die Geschichte der Menschheit trägt enorme Narben, die aus Versuchen bestimmter Gruppen resultieren, anderen die eigene Wahrheit über Gott, Gerechtigkeit, die beste Rasse oder die Natur der Sünde aufzuzwingen. In der heutigen Welt stoßen zahlreiche verschiedene kulturelle Ansichten aufeinander, überall erwachsen Konflikte, und in der westlichen Welt besteht die starke Tendenz zu glauben, die westlichen Wahrheiten seien den anderen überlegen. Wenn wir auf diesem Planeten friedlich zusammenleben wollen, dann ist es zentral, dass keine einzelne Gruppe sich gerechtfertigt sieht, alle andersdenkenden Wirklichkeiten auszulöschen.

Von gleicher Signifikanz ist auch folgendes: Dadurch, dass wir die Vorteile lokaler Wahrheiten hervorheben, laden wir dazu ein, Alternativen zu unseren bequemen Visionen bezüglich des Wahren und Guten zu erkunden. Wir werden nicht nur gewarnt, lokale Wirklichkeiten als universell anzusehen, sondern auch angespornt, alternative Konstruktionen zu suchen in dem Bewusstsein, dass diese Konstruktionen höchst funktional für diejenigen sind, die sie entwickelt haben. In diesem Sinne muss ein Wissenschaftler dem Spiritualismus oder selbst der Lehre von der Schöpfungsgeschichte nicht zwingendermaßen blind gegenüber stehen. Diese letztgenannten Wahrheiten sind keine Mitbewerber um einen wissenschaftlichen Status. Stattdessen haben diese Diskurse andere Funktionen. Sie geben dem Universum Werte und Bedeutungen, die von der Wissenschaft nicht bereitgestellt werden können. Und statt diejenigen zu verurteilen, die an sogenannten „terroristischen“ Aktivitäten beteiligt sind, mag es sinnvoll sein, sich in deren Bedeutungswelt zu begeben und zu verstehen, wie sie ihre Handlungen innerhalb ihrer Gemeinschaften rechtfertigen. Durch gegenseitigen Austausch können wir Mittel und Wege zur gemeinsamen Entwicklung von Alternativen zur gegenseitigen Vernichtungspraxis finden.

Jenseits des Realismus: Körper, Geist und Macht

Eng verknüpft mit der Nihilismus-Kritik sind diejenigen, die einwenden, dass konstruktionistische Ideen an offenkundigen Fakten des Lebens vorbeilaufen. Widerstand kommt besonders stark aus drei Quartieren. Erstens gibt es Kritiker, die den menschlichen Körper für das Verständnis sozialen Lebens als zentral ansehen. Für sie ist der Körper eine Realität, der wir nicht entkommen können. Unsere Körper definieren uns. Diese Sicht wird oft vorgeschlagen. Wir erfahren die Welt durch unsere Körper. Und in dem Maße, in dem sich unser Körper verändert, verändert sich auch unser Gefühl für die Welt und für uns selbst. Zweitens gibt es Kritiker, die die private Welt des Geistes für zentral erachten. Verwenden wir nicht unseren Verstand, um den Charakter unserer Erfahrungen mit der Welt zu interpretieren? Und beeinflussen unsere Emotionen und Gedanken nicht das, was wir tun? Schließlich kritisieren viele Sozialwissenschaftler das Unvermögen des Konstruktionismus, mit den offensichtlichen Machtunterschieden zwischen verschiedenen sozialen Gruppen umzugehen. Wenn wir den Machtungleichheiten nicht begegnen, sagen sie, dann können wir die unterdrückenden Bedingungen, unter denen so viele Menschen leben, nicht abbauen. Und wenn wir den Machtfaktor nicht ins Zentrum unserer Analysen rücken, dann unterstützen wir implizit den Status Quo. Wenn zum Beispiel Armut, Unterdrückung, Hungertod und Genozid lediglich Konstruktionen sind, dann besteht keine Motivation zu handeln.

Diese Kritik wird häufig als realistisch etikettiert, da diese Kritiker oft an bestimmten Wirklichkeitsansprüchen festhalten wollen. Sie werden auch *Essentialisten* genannt, in dem Sinne, als dass sie etwas – in diesem Fall Körper, Geist oder Macht – für einen essentiellen, nicht abstreitbaren Aspekt der Welt halten, etwas, das der Sprache vorausgeht. Diese Kritikpunkte sind wichtig. Wer würde sich schon eine Abwendung von Belangen des Körpers, des Geistes oder der Struktur von Beherrschung und Ungerechtigkeit in der Gesellschaft wünschen? Doch bevor wir uns Wegen der Zusammenarbeit mit diesen Kritikern zuwenden, ist es wichtig, ein fundamentales Missverständnis anzusprechen, von dem diese Kritik oft begleitet wird. Konstruktionistische Ideen funktionieren in erster Linie auf der sogenannten *Metaebene*. Das heißt, sie versuchen zu erklären, wie wir dazu kommen, unsere üblichen Konzeptionen des Realen und Guten miteinander zu teilen. Sie versuchen zum Beispiel zu erklären, wieso wir unsere Körper mit „Maschinen“ gleichsetzen und nicht mit „heiligen Gefäßen“. Sie befassen sich mit der westlichen Konzeption des Geistes und mit den Unterschieden dieses Konzeptes zu Konzepten anderer Kulturen. Sie fokussieren auf die vielen Wege der Machtkonstruktion und auf die Vor- und Nachteile, die mit jedem dieser Wege verbunden sind. Im Endeffekt *versuchen Konstruktionistinnen und Konstruktionisten unser Verstehen zu verstehen.* Indem sie dies tun, bieten sie einen Satz von Werkzeugen oder Diskursen, die für viele Ziele verwendet werden können. Sie mögen sich in diesem Zusammenhang an die Metapher des *Konstruktionismus als breites Dach* erinnern, unter dem alle Formen der Wirklichkeitserzeugung berücksichtigt werden können – selbst die scheinbare Realität, die durch den Konstruktionismus selbst kreiert wird.

Unglücklicherweise missverstehen Kritikerinnen und Kritiker diesen Ansatz der Metaebene als konstruktionistischen Versuch, die wirkliche Wahrheit über die Welt zu sagen. Sie denken, wenn wir Körper, Geist oder Machtfaktoren aus diesem Ansatz herauslassen, sind wir blind. Doch hier handelt es sich um ein Missverstehen. Unsere Hoffnung auf dieser Ebene ist, ein Bewusstsein für verschiedene Möglichkeiten schaffen zu können – und eine Orientierung bezüglich Wissen und Bedeutung. Wir wollen nicht „die neue Wahrheit" schaffen. Stattdessen möchten wir die verschiedenen Realitäten, die sich unter dem konstruktionistischen Dach befinden, sorgfältig prüfen. Sie erfordern keine Metaebene. Lassen Sie uns also unter dem konstruktionistischen Dach vorwärts schreiten, um mit den Befürwortern von Körper, Geist und Macht zusammenzuarbeiten. In diesem Fall gibt es drei Hauptoptionen für ein kreatives Miteinander.

1) Die Beteiligung an der Herstellung von Wirklichkeitswelten

Konstruktionistische Metatheorie fordert nicht *einen einzigen* Weg des Weltverstehens ein. Stattdessen sind wir frei, die Stärken jeder existierenden Vision auszukundschaften. Die meisten von uns behandeln Körper und Geist als Teile der täglichen Wirklichkeit. Für Konstruktionistinnen und Konstruktionisten (oder irgendjemand anders) ist es nicht erforderlich, diese Handhabung abzubrechen. Obwohl wir – die Autorin und der Autor – uns stark für konstruktionistische Ideen einsetzen, partizipieren wir beide bereits an alltäglichen Gesprächen über Körper und Gefühle. Wir brauchen solche Begriffe, um in unseren Beziehungen existieren zu können. So treten wir mit Bereitwilligkeit in die Wirklichkeitsherstellung ein.

Gleichzeitig heißt dies nicht, dass wir konstruktionstische Ideen beiseite schieben. Sich in lokalen Wirklichkeiten zu engagieren heißt nicht, den Konstruktionismus aufzugeben, so wie wir auch nicht unsere Liebe für den Blues aufgeben, nur weil wir Mozart verehren. Konstruktionistische Ideen können für uns auch dann extrem sinnvoll sein, wenn wir über Körper, Geist und Macht sprechen. Zum Beispiel sind viele Wissenschaftler mit Unterdrückung und Ungerechtigkeit befasst und fühlen sich verpflichtet, das, was sie als Machtstruktur sehen, zu verändern. Dieselben Wissenschaftler wenden sich konstruktionistischen Argumenten zu, um die Realitäten zu untergraben, die uns Regierungsbeamte servieren. Sie zeigen zum Beispiel, dass offizielle Deklarationen von Fakten in Frage zu stellende ideologische Konstruktionen sind. Macht es uns nicht reicher, wenn wir in der Lage sind, alle Diskurse zu verwenden, konstruktionistische ebenso wie realistische? Die Teilhabe an alltäglichen Konversationen erfordert die Beteiligung an „Wirklichkeits"-Gesprächen mit anderen.

2) Das gemeinsame Erkunden von Grenzen

Obwohl unsere alltäglichen Gespräche typischerweise realistisch sind (real für uns in diesem Moment), lädt der Konstruktionismus uns dazu ein, gemeinsam die Grenzen der Sprache zu bedenken. Der Diskurs über Macht zum Beispiel ist als Motivation für unseren Kampf um Gerechtigkeit enorm wichtig. In der westlichen Tradition können wir die Idee, dass andere Menschen unsere Handlungen kontrollieren und sich auf Kosten von Sklaverei ein gutes Leben machen, schwerlich tolerieren. Doch diese Sicht von Macht stiftet auch Uneinigkeit. Sie kreiert andere ("diejenigen, die Macht besitzen") als Bösewichte. Sie lädt zu aggressiven Haltungen ein, die Machthabenden müssen besiegt werden. Wir sind nun diejenigen, die in den Besitz von Macht kommen! Wenn diejenigen, die wir als „die starken Machthaber" ausmachen, von unserer Unzufriedenheit hören, werden sie in Verteidigungsstellung gehen. Sie sind der Ansicht, dass sie gute Gründe für ihr Tun haben und gehen davon aus, dass wir beabsichtigen, sie und das Gute, das sie kreiert haben, zu zerstören. Bald werden wir getrennten, bewaffneten Lagern angehören. Die Möglichkeiten der Zusammenarbeit zur Schaffung einer gerechten Gesellschaft minimieren sich. Gegenseitige Vernichtung wird bevorzugt. Aus diesem Grund versuchen wir, während wir uns an den Formen der Alltagssprache beteiligen, auch deren Grenzen wahrzunehmen.

3) Die gemeinsame Erschaffung neuer Visionen

Das Erkunden der Grenzen führt zu einer letzten Option, nämlich zur Zusammenarbeit zwecks Entwicklung neuer und vielleicht brauchbarerer Formen des Verstehens und Handelns. Bedenken Sie noch einmal das Machtkonzept. Statt Macht als Struktur zu sehen, in der schlechte Menschen an der Spitze sind und die Guten am unteren Ende, könnten wir davon ausgehen, dass Macht aus laufenden Beziehungen hervorgeht. Wenn genügend Menschen anfangen, die gleichen Sichtweisen und Werte zu teilen, dann werden sie dazu tendieren, sich zu organisieren. Sie werden einen Sinn von Verbundenheit, Programme und Pläne entwickeln und schließlich in der Erreichung ihrer Ziele erfolgreich sein. Kurz gesagt, sie werden ein Machtzentrum kreieren. Aus dieser Sicht gibt es dann multiple Machtzentren in einer Kultur und diese werden sich mit dem Fortschreiten der Konversationen immer wieder verschieben. Wenn wir Machtverteilung auf diese Weise betrachten, dann heißt gesellschaftliche Veränderung Zusammenarbeit mit vielen unterschiedlichen Gruppen. Diese Gruppen könnten tatsächlich viele derjenigen einschließen, die in einem anderen Fall als Spitzenfeinde gelten würden. Stellen Sie sich eine Organisation vor, die ein Forum für jede Person, für jede Abteilung und für jede Ebene schafft, um dort über Hoffnungen und Träume bezüglich der Organisation zu diskutieren. Stellen Sie sich eine Gemeinschaft oder eine Stadt vor, die einen Dialog kreiert, indem sie jeden Bürger und jede Bürgerin – jung und alt, reich und arm – zu einem Gespräch über Zukunftshoffnungen und Zukunftsträume einlädt. Der Konstruktionismus wendet sich nicht von Bedeutungstraditionen ab, sondern er lädt uns ein, entwicklungsfähige Gemeinsamkeiten anzusteuern.

Jenseits von moralischem Relativismus

Eine letzte und häufige Kritik am Sozialen Konstruktionismus betont dessen „moralische Schlaffheit": Der Konstruktionismus scheint alle Grundlagen für jegliche moralische Vision zu zerstören, bei gleichzeitiger Verfehlung, sie mit eigenen Idealen zu ersetzen. Konstruktionistinnen und Konstruktionisten schlagen oft vor, alle Grundlagen für ethische Standards oder religiöse Prinzipien als etwas zu sehen, was innerhalb bestimmter Gemeinschaften hergestellt wird. In diesem Sinne sind solche Standards dann auch nicht von Gott gegeben, rational notwendig oder universal bindend. Kritiker beklagen in diesem Zusammenhang, dass alle moralischen Grundsätze gleichberechtigt erscheinen. Konstruktionisten könnten nicht sagen, Freundlichkeit sei besser als Rohheit oder Diplomatie sei dem Genozid vorzuziehen etc. Die Menschen würden in einer Haltung des „Alles-ist-erlaubt" zurückgelassen.

Wer wäre denn mit der Zerstörung aller Standards des Guten zufrieden? Und bevorzugen wir nicht alle bestimmte Lebenswege für Andere? Möchte irgendjemand von uns Brutalität gleichsetzen mit jeder anderen Art, Menschen zu behandeln? Konstruktionistinnen und Konstruktionisten sind ebenso Teilhabende an der Gesellschaft wie alle anderen Menschen auch, und in diesem Zusammenhang beteiligen sie sich zutiefst an verschiedenen Visionen bezüglich des Guten. Der Konstruktionismus lädt uns nicht ein, alle moralischen Visionen zu verwerfen. Dies zu tun würde bedeuten, aus allen Traditionen hinauszutreten. Vielmehr lädt er uns ein, unsere lokalen Visionen zu würdigen und wachsam denjenigen gegenüber zu sein, die sie zerstören könnten. Moralische Ideologien als soziale Konstruktionen zu verstehen, genau dies befähigte in der Tat viele Wissenschaftler, ihre Stimme zu erheben. Für Feministinnen, Bürgerrechtler, Aktivisten der Schwulenrechtsbewegung,

Gruppen ehemaliger Psychiatrieinsassen, Angehörige der Gehörlosenkultur und andere Minderheiten haben konstruktionistische Ideen zutiefst zu Selbstbemächtigung geführt. Sie laden zur Hinterfragung des Status Quo und zur Legitimierung von anderenfalls marginalisierten Standpunkten ein.

Wenn man bedenkt, dass beide, sowohl die Vertreter und Vertreterinnen des Sozialen Konstruktionimus als auch dessen Kritiker und Kritikerinnen, sich für Formen moralischen Lebens engagieren, dann ist die Herausforderung die, Gemeinsamkeiten auszumachen, um eine brauchbarere Zukunft zu schaffen. Dieser Dialog mag nützlicherweise mit der folgenden Frage beginnen: Würden wir uns wünschen, irgendeiner Gruppe das Recht zuzugestehen, ein moralisches System als universell zu deklarieren und es der übrigen Welt aufzuzwingen? In Anbetracht der vielen moralischen Orientierungen, die unsere Welt ausmachen, würden wir vermutlich mit „Nein" antworten, denn eines steht außer Frage: Kulturen befinden sich in auffälliger Nichtübereinstimmung bezüglich der genauen Natur des Guten. Die Frage, ob achtjährige Kinder in einer Teppichfabrik arbeiten sollten, um ihre Familien zu unterstützen, ist offen für multiple Argumente auf beiden Seiten. Die Frage, ob Israel sich aus den früheren palästinensischen Gebieten zurückziehen sollte oder eine Mauer bauen sollte, um Palästinenser draußen zu halten, produziert moralische Kontroversen auf allen Seiten. Ob der US-Präsident die Macht haben sollte, in Zeiten terroristischer Bedrohung, die Genfer Konventionen zum Schutz Gefangener vor Folter zu verändern, ist höchst umstritten. Wessen Traditionen sollen wir zerstören? Wessen Tyrannei sollen wir akzeptieren?

In diesem Sinne liegen unsere Probleme nicht im Fehlen moralischer Werte. Wir alle sind in Traditionen eingebettet, die bestimmte Handlungen wertschätzen und andere verurteilen. Die größte Herausforderung liegt in der Fülle moralischer Güter und der Hartnäckigkeit, mit der wir an ihnen festhalten. An diesem Punkt fangen konstruktionistische Ideen an, einen wichtigen Beitrag zu leisten. Wenn alle moralischen Güter innerhalb von Beziehungstraditionen geboren werden, müssen wir die Unvermeidbarkeit von Differenz anerkennen, die nicht nur innerhalb unserer Traditionen herrscht, sondern die auch jeden Tag neu entwickelt wird. Weil moralische Werte kulturelle Konstruktionen sind, müssen wir außerdem nicht darum kämpfen, welche davon überlegen sind oder das beste System darstellen. Die Suche nach dem überlegenen moralischen Code ist nicht fruchtbarer als die Lokalisierung des überlegenen Musikgenres oder der besten Kochkunst – eine Suche, die zur Vorbereitung der Eliminierung aller anderen dient. Stattdessen ist für Konstruktionistinnen und Konstruktionisten die Herausforderung in erster Linie eine pragmatische. Wenn wir uns nicht wünschen, dass Menschen anderen ihre Visionen bezüglich des Guten aufdrängen oder Konflikte im Genozid enden lassen, müssen wir gemeinsam neue Erkundungen starten. Wir müssen aufeinander zugehen und gemeinsam praktische Mittel des Umgangs mit Wertekonflikten überlegen. Wir müssen effektive Handlungswege finden oder erfinden, um die Kanten unserer Verschiedenheit zu entschärfen, Grenzen zu überschreiten und neue Beziehungen zu bilden.

Auch hier können Konstruktionistinnen und Konstruktionisten einen wichtigen Beitrag leisten. Wie wir in den vorangegangenen Kapiteln gesehen haben, haben konstruktionistische Ideen zu verschiedenen Handlungswegen ermutigt, um die Koordination zwischen unterschiedlichsten Menschen zu erhöhen, gemeinsame Ziele auszumachen und Unterschiede zwischen Gegnern zu verringern. In einem breiteren Sinne befähigen all diese Praktiken Menschen dazu, sich jenseits einer einzigen moralischen Festlegung – des einen wahren Glaubenssatzes – zu bewegen und in Vielstimmigkeit zusammenzuleben.

Im besten Fall bewegen sie uns nicht nur in Richtung Toleranz, sondern auch in Richtung Wertschätzung einer pluralistischen Welt. Damit ist kein träger Relativismus gemeint. Vielmehr werden wir uns alle gegenseitig verändern und wir können aus diesen Transformationen mit neuen Lebensformen hervorgehen, die uns das Zusammenleben erleichtern werden. Zurzeit fangen wir erst an, die notwendigen Handlungsweisen zu entwickeln. Die Zukunft liegt nun in unseren Händen.

Zusammenfassung

In diesem Kapitel haben wir die Kritik des Nihilismus, Realismus und moralischen Relativismus aufgeworfen und versucht, auf jede dieser Kritiken zu antworten. Wenn es ein gemeinsames Problem der meisten zurzeit existierenden Kritiken am Sozialen Konstruktionismus gibt, dann ist es ihr Festhalten an einer veralteten Sichtweise über Wahrheit. Im Großen und Ganzen nähert sich die Kritik sozialkonstruktionistischen Ideen so, als seien sie Kandidaten für eine universelle Wahrheit. Die Kritiker glauben, den Konstruktionismus als wahr zu akzeptieren, würde die Fehlerhaftigkeit oder Falschheit all der anderen Wissensansprüche (typischerweise ihrer eigenen) implizieren. Wie wir jedoch versucht haben zu demonstrieren, hinterfragen konstruktionistische Ideen die Annahme der Existenz einer transzendenten Wahrheit. Konstruktionistinnen und Konstruktionisten gehen davon aus, dass Menschen *Sprache benutzen, um Dinge miteinander zu tun*. Je reicher unsere Diskurse, desto größer unsere Fähigkeit menschlicher Koordination. Dies heißt nicht, zu deklarieren konstruktionistische Ideen seien wahr. Vielmehr lädt der Konstruktionismus zu neuen Formen des Verstehens und Handelns ein. Die wichtige Frage betrifft seine Implikationen für unsere Zukunft. Aus unserer Sicht ist es ein wunderbar nützlicher Diskurs, denn er stellt eine einzigartige Einladung zu Vielstimmigkeit und Innovation bereit. Er bietet Hoffnung für einen sich ausbreitenden Dialog aller Menschen, für die andauernde Integration und Erfindung von Lebensformen und für die Ersetzung tödlicher Konflikte durch lebensbejahende Kommunikation. Wir hoffen, dass auch unsere Leserinnen und Leser im Laufe dieses Buches dazu übergegangen sind, diese Potenziale wertzuschätzen.

Kommentiertes Literaturverzeichnis

Zu Kapitel 1: Das Szenarium sozialer Konstruktion

Berger, P. a. T. Luckmann (2007): Die Konstruktion der sozialen Wirklichkeit. Eine Theorie der Wissenssoziologie, Frankfurt a. M. (Fischer), 21. Aufl. [Orig. (1966): The Social Construction of Reality. New York (Doubleday).]
Das erste Buch innerhalb der Sozialwissenschaften, in dem der Gedanke der sozialen Konstruktion artikuliert wurde. Die Betonung liegt auf den sozialen Strukturen und kognitiven Prozessen der Bedeutungserzeugung, im Gegensatz zu unserem Fokus auf zwischenmenschliche Beziehungen.

Gergen, K. J. (2002): Konstruierte Wirklichkeiten. Eine Hinführung zum sozialen Konstruktionismus. Stuttgart (Kohlhammer). [Orig. (1999): An Invitation to Social Construction. London/Thousand Oaks, CA (Sage).]
Das Buch bietet eine ausführlichere Einführung in sozialkonstruktionistische Ideen und deren Implikationen für Forschung und Praxis.

Gergen, M. a. S. N. Davis (eds.) (1997): Toward a New Psychology of Gender. New York (Routledge).
Das Buch enthält Diskussionen zur Beziehung zwischen Sozialem Konstruktionismus und feministischem Denken.

Gergen, M. a. K. J. Gergen (eds.) (2003): Social Construction. A Reader. London (Sage).
Eine Zusammenstellung klassischer und kontemporärer Beiträge zu sozialkonstruktionistischer Theorie und Praxis.

Potter, J. (1996): Representing Reality. London (Sage).
Dieses anspruchsvolle Buch fokussiert speziell auf den Gebrauch des Diskurses bei der Konstruktion von Wissen.

Sarbin, T. a. J. Kitsuse (eds.) (1994): Constructing the Social. London (Sage).
Eine Zusammenstellung engagierter Beiträge über die soziale Konstruktion unserer Alltagswelten.

Positive Aging Newsletter, herausgegeben von Ken und Mary Gergen.
Unter www.positiveaging.net kann der Rundbrief „Positives Altern" (auch in deutscher Übersetzung) eingesehen und abonniert werden.

Zu Kapitel 2: Von der Kritik zur Rekonstruktion

Bellah, R. et al. (1987): Gewohnheiten des Herzens. Individualismus und Gemeinsinn in der amerikanischen Gesellschaft. Köln (Bund-Verlag). [Orig. (1985): Habits of the Heart. Berkeley (University of California Press).]
Eine kraftvolle Kritik der Effekte individualistischer Ideologie auf persönliche Beziehungen.

Frank, A. (1995): The Wounded Storyteller. Chicago (University of Chicago Press).

Gergen, K. J. (1994): Realities and Relationships. Soundings in Social Construction. Cambridge (Harvard University Press).
Hier vor allem Kapitel 8 & 9 zum Thema „relational mind".

Lutz, C. (1998): Unnatural Emotions. Chicago (University of Chicago Press).
Ein exzellenter Ansatz zum Konstruktionscharakter von Gefühlen.

Martin, E. (1989): Die Frau im Körper. Weibliches Bewusstsein, Gynäkologie und die Reproduktion des Lebens. Frankfurt a. M. (Campus). [Orig. (1987): The Woman in the Body: A Cultural Analysis of Reproduction. Boston (Beacon Press).]
Eine Medizinanthropologin zeigt die Konstruktion des Weiblichen durch soziale und medizinische Praktiken.

Sampson, E. E. (1993): Celebrating the Other. Boulder (Westview).
Eine exzellente Einführung in die Bewegung vom Selbst zur Beziehung.

Zu Kapitel 3: Soziale Konstruktion und professionelle Praxis

In der Therapie:

Anderson, H. (1999): Das therapeutische Gespräch. Der gleichberechtigte Dialog als Perspektive der Veränderung, Stuttgart (Klett-Cotta). [Orig. (1997): Conversation, Language, and Possibilities. New York (Basic Books).] *Hier wird die therapeutische Haltung des „Nicht-Wissens" beschrieben.*

Bohan, J. a. G. Russell (1999): Conversations about Psychology and Sexual Orientation. New York (New York University Press).
Therapie und sexuelle Orientierung werden in diesem Buch aus konstruktionistischer Perspektive beleuchtet, biologische Erklärungen sexueller Vorlieben werden herausgefordert.

De Shazer, S. (2009): Worte waren ursprünglich Zauber. Von der Problemsprache zur Lösungssprache. Heidelberg (Carl-Auer). [Orig. (1994): Words were Originally Magic. New York (Norton).]

McLeod, J. (1997): Narrative and Psychotherapy. London (Sage).
(Ein exzellenter Überblick über Narrative Therapie.

McNamee, S. a. K. J. Gergen (eds.) (1993): Therapy as Social Construction. London/ Thousand Oaks, CA (Sage).
Eine klassische Kollektion von Schriften therapeutischer Praxis innerhalb des sozialkonstruktionistischen Rahmens.

O'Hanlon, W. a. M. Wiener-Davis (1988): In Search of Solutions. A New Direction in Psychotherapy. New York (Norton).
Ein frühes Werk zum Thema Therapie als Rekonstruktion.

White, M. a. D. Epston (1990): Narrative Means to Therapeutic Ends. New York (Norton). [dt (2009): Die Zähmung der Monster. Der narrative Ansatz in der Familientherapie. Heidelberg (Carl-Auer), 6. Aufl.]
Ein ausschlaggebendes Werk in der Entwicklung der Narrativen Therapie.

In der Organisationsentwicklung:

Anderson, H. et al. (2001): The Appreciative Organization. Chagrin Falls, OH (Taos Institute Publications).
Ein kurzes Buch aus der Focus Book-Reihe des Taos Instituts, verfasst von den Gründern des Taos Instituts, die allesamt wertschätzende Ideen in der Organisationsentwicklung anwenden.

Cooperrider, D. a. M. Avital (eds.) (2004): Advances in Appreciative Inquiry. Constructive Discourse and Human Organization. New York (Elsevier Science).
Eine Zusammenstellung von Artikeln über wertschätzendes Erkunden. Die Autoren haben Appreciative Inquiry studiert und praktizieren in diesem Bereich.

Cooperrider, D., D. Whitney a. J. Stavros (2003): The Appreciative Inquiry Handbook. For Leaders of Change. Cleveland, Ohio (Lakeshore).

Cooperrider, D. a. P. J. Sorensen, D. Whitney a. T. Yeager (eds.) (2000): Appreciative Inquiry. Rethinking Human Organizing Toward a Positive Theory of Change. Champagne, IL (Stipes).

Deissler, K. G. u. K. J. Gergen (Hrsg.) (2004): Die wertschätzende Organisation. Bielefeld (Transcript).

Drath, W. (2001): The Deep Blue Sea. Rethinking the Source of Leadership. San Francisco (Jossey Bass).

Fry, R. a. F. Barrett et al. (eds.) (2001): Appreciative Inquiry. Applications in the Field. Westpoint, CT (Quorum Books).
Zusammenstellung von AI-Fallstudien.

Schiller, M., B. M. Holland a. D. Riley (2001): Appreciative Leaders. Chagrin Falls, OH (Taos Institute Publications).
Interviews mit und Kommentare von über 20 Führungskräften, die nach den Prinzipien des Wertschätzenden Erkundens arbeiten.

Watkins, J. a. B. Mohr (2001): Appreciative Inquiry. Change at the Speed of Imagination. San Francisco, CA (Jossey Bass/Pfeiffer).
Ein Überblick von zwei führenden AI-Praktikern.

Whitney, D. a. A. Trosten-Bloom (2003): The Power of Appreciative Inquiry. A Practical Guide to Positive Change. San Francisco (Berrett-Koehler).
Hilfreicher Ratgeber für die AI-Praxis, verfasst von zwei Hauptfiguren der Organisationsberatung.

Whitney, D., D. Cooperrider, A. Trosten-Bloom a. B. Kaplin (2002): Encyclopedia of Positive Questions. Volume one: Using AI to Bring Out the Best in Your Organization. Cleveland, Ohio (Lakeshore Communications).
Ein brauchbares Kompendium zu Fragen wertschätzenden Erkundens.

Aktuelle Entwicklungen im Bereich Appreciative Inquiry finden sich unter http://appreciativeinquiry.case.edu, eine Website, die von der Case Western Reserve University gefördert wird.

Im pädagogischen Bereich:

Barbules, N. C. (1993): Dialogue in Teaching. New York (Teacher's College Press). *Über die Verwendung von Dialogen zur Verbesserung der Lehrpraxis.*

Bruffee, K. A. (1993): Collaborative Learning, Higher Education, Interdependence, and the Authority of Knowledge. Baltimore, MD (Johns Hopkins University Press). *Wichtiger*

Text von einer der leitenden Persönlichkeiten im Bereich des kollaborativen Lernens.

Bruner, J. (1996): The Culture of Education. Cambridge, MA (Harvard University Press). *Erziehung wird in diesem Buch als kulturelle Konstruktion dargestellt.*

Friere, P. (1978): Pedagogy of the Oppressed. Harmondsworth, England (Penguin Books).
Ein bahnbrechendes Werk im Bereich der Kritischen Pädagogik.

Kollaboratives Schreiben: *www.stanford.edu/group/collaborate.*

Im Bereich Konfliktlösung:

Public Conversations Project: www.publicconversations.org.
Die Seiten enhalten 25 Links zu gleichgesinnten Organisationen, die sich mit Praktiken der Konfliktreduktion befassen.

Susskind, L a. S. McKearnan et al. (eds.) (1999): The Consensus Building Handbook. Thousand Oaks, CA (Sage).
Arbeitsbuch für alle, die an Konfliktlösung interessiert sind.

Weiner, E. (eds.) (1998). The Handbook of Interethnic Coexistence. New York (Continuum).
Ein exzellentes Buch zu Theorie und Praxis der Konfliktlösung.

Zu Kapitel 4: Forschung als Konstruktionspraxis

Bodily, C. (1995): Ageism and the deployments of „age“. A constructionist view. In: T. Sarbin a. J. Kitsuse (eds.): Constructing the Social. London (Sage).

Daiute, C. a. C. Lightfoot (eds.) (2004): Narrative Analysis. Studying the Development of Individuals in Society. London/Thousand Oaks, CA (Sage).

Hilfreiche Forschungsansätze, einschließlich eines Kapitels von Mary Gergen über ihre Entwicklung zur narrativen Forscherin.

Denzin, N. a. Y Lincoln (eds.) (2000): Handbook of Qualitative Research. Thousand Oaks, CA (Sage), 2nd ed.

Hervorragende Quelle für Entwicklungen im Bereich qualitativer Forschung.

Ellis, C. a. A. P. Bochner (1996): Composing ethnography. Alternative Forms of Qualitative Writing. Walnut Creek, CA (AltaMira).

Eine exzellente Zusammenstellung kreativer Formen des Schreibens in den Sozialwissenschaften.

Foucault, M. (1980): Power/knowledge. New York (Pantheon).

Ein Überblick über einige seiner bedeutendsten Gedanken über die Beziehung zwischen Diskurs und Macht.

Gergen, M. (2001): Feminist Reconstructions in Psychology. Narrative, Gender and Performance. Thousand Oaks, CA (Sage).

Kuhn, T. S. (2007): Die Struktur wissenschaftlicher Revolutionen, Frankfurt a. M. (Suhrkamp), 2., rev. und um das Postskriptum von 1969 erg. Aufl. [Orig. (1970): The Structure of Scientific Revolutions. Chicago (University of Chicago Press), 2nd rev. ed.]

Dieses Buch erschütterte die Grundlagen wissenschaftlicher Unternehmungen und trug zur Etablierung der Idee des sozialen Konstruktionscharakters wissenschaftlichen Wissens bei.

Lykes, M. B. (1997): Dialogue with Guatemalan Indian woman. Critical perspectives on constructing collaborative research. In: M. Gergen a. S. Davis (eds.): Toward a New Psychology of Gender. New York (Routledge).

Eine Beschreibung von Lykes' Arbeit in Zentralamerika in einem Buch, das sich dem sozialkonstruktionistischen

Ansatz in der feministischen Psychologie verschrieben hat.

Reason, P. a. H. Bradford (2001): Handbook of Action Research. London (Sage).
Eine exzellente Zusammenstellung von Beiträgen aktueller Aktionsforschung.

Ronai, C. R. (2002): The next night sous rature. Wrestling with Derrida's mimesis. In: N. K. Denzin a. Y. S. Lincoln (eds.): The Qualitative Inquiry Reader. London/Thousand Oaks, CA (Sage), pp. 105–124.
Ein Beispiel aus der Autoethnographie, einer höchst empfehlenswerten Methode alternativer qualitativer Forschung.

Zu Kapitel 5: Von der Kritik zur Zusammenarbeit

Gergen, K. J. (1994): Realities and Relationships. Cambridge (Harvard University Press).
Das Buch bietet breite Diskussionen zur Kritik aus beiden Lagern: dem Lager, das sich dem empirischen Standpunkt verpflichtet fühlt und dem Lager, das sich dem ideologischen Standpunkt verpflichtet fühlt.

Hacking, I. (2002): Was heißt „soziale Konstruktion"? Zur Konjunktur einer Kampfvokabel in den Wissenschaften, Frankfurt a. M. (Fischer), 3. Aufl. [Orig. (1999): The Social Construction of What?. Cambridge (Harvard University Press).]
Ein Philosoph arbeitet sich durch die Probleme, die dem wissenschaftlichen Wissen durch konstruktionistisches Denken bereitet werden.

Hepburn, A. (2003): Relativism and feminist psychology. In: M. Gergen a. K. J. Gergen (eds.): Social Construction. A Reader. London/Thousand Oaks, CA (Sage), pp. 237–247.
Eine exzellente Widerlegung des Relativismus-Vorwurfs feministisch-konstruktionistischen Positionen gegenüber.

Hermans, C. A. M., G. Immink, A. de Jong a. J. van der Lans (eds.) (2002): Social Constructionism and Theology. Leiden (Brill).

Versuche, konstruktionistisches Denken auf Theologie und religiöse Praxis auszuweiten.

Parker, I. (1998): Social Constructionism, Discourse and Realism. London (Sage).

Das Buch bietet kritische Überlegungen zu Beziehungen zwischen realistischen und konstruktionistischen Orientierungen.

Smith, B. (1997): Belief and Resistance. Cambridge (Harvard University Press).

Eine anspruchsvolle Verteidigung gegen essentialistische und realistische Kritik.

Über die Autoren

Kenneth J. Gergen ist Professor für Psychologie am Swarthmore College und Gründer des Taos Instituts, einer Non-Profit-Organisation, die sich mit der Weiterentwicklung des Sozialen Konstruktionismus und seinen gesellschaftlichen Anwendungsfeldern (u. a. Therapie, Organisationsberatung und Erziehung) beschäftigt. Forschungsstipendien der Guggenheim-Stiftung, der Fulbright Stiftung und der Alexander-von-Humboldt-Stiftung führten ihn auch nach Deutschland. Hier wurde er u. a. durch sein Buch „Das übersättigte Selbst: Identitätsprobleme im heutigen Leben" bekannt.

Mary Gergen ist emeritierte Professorin für Psychologie und Gender-Studien an der Penn State University. Nach ihrem Ph. D. in Sozialpsychologie arbeitete sie zunächst als psychologische Beraterin bei AT&T. Zusammen mit Kenneth Gergen gründete sie das Taos Institut. Heute betreut sie Doktoranden und lehrt Feministische Theorie an einem College in Pennsylvania. Außerdem ist sie Mitherausgeberin eines elekronischen Newsletters, der ein positives Bild vom Altern vermitteln will.